RAÍZES

O folclore negro do Brasil

O folclore negro do Brasil

Demopsicologia e psicanálise

Arthur Ramos

Copyright © 2007, Livraria Martins Fontes Editora Ltda.,
São Paulo, para a presente edição.

1ª edição *1935*
Civilização Brasileira
2ª edição *1954*
Casa do Estudante do Brasil
3ª edição *2007*
2ª tiragem *2021*

Consultoria
Lígia F. Ferreira
Transcrição da partitura
Victor Steiner Ferreira
Acompanhamento editorial
Helena Guimarães Bittencourt
Revisões
Daniela Lima Alvares
Marisa Rosa Teixeira
Dinarte Zorzanelli da Silva
Produção gráfica
Geraldo Alves
Paginação
Moacir Katsumi Matsusaki
Capa
Marcos Lisboa

Dados Internacionais de Catalogação na Publicação (CIP)
(Câmara Brasileira do Livro, SP, Brasil)

Ramos, Arthur, 1903-1949.
  O folclore negro do Brasil : demopsicologia e psicanálise / Arthur Ramos. – 3ª ed. – São Paulo : WMF Martins Fontes, 2007. – (Raízes)

  ISBN 978-85-60156-11-5

  1. Folclore negro 2. Negros – Brasil I. Título. II. Série.

06-7460   CDD-398.0981

Índices para catálogo sistemático:
1. Folclore negro : Brasil   398.0981

Todos os direitos desta edição reservados à
Editora WMF Martins Fontes Ltda.
Rua Prof. Laerte Ramos de Carvalho, 133   01325-030 São Paulo SP Brasil
Tel. (11) 3293-8150 e-mail: info@wmfmartinsfontes.com.br
http://www.wmfmartinsfontes.com.br

ÍNDICE

Apresentação XI

O folclore negro do Brasil

Prefácio 3

Capítulo I | A sobrevivência mítico-religiosa 9
Míticas sudanesa e bantu | Os mitos iorubanos e seu esfacelamento no Brasil | Mitos primitivos e mitos secundários | Olorum e Obatalá | As deusas-mães | Os orixás fálicos | Os mitos de Xangô e suas transformações | O ciclo do diabo | Fetichismo e feitiçaria | Mitos, contos heróicos e contos populares | O método psicanalítico e a antropologia cultural | A sobrevivência mítica | Religiões e superstições | O catolicismo popular do Brasil | O paganismo cristão | Religiões e cultos afro-brasileiros | O sincretismo e as sobrevivências afro-religiosas

Capítulo II | A sobrevivência histórica: congos e quilombos   29
Autos populares brasileiros de origem africana | Os autos jesuíticos | O teatro popular negro, na América do Norte | Os autos peninsulares luso-hispânicos | A influência negra | Os congos ou cucumbis | Versão de Melo Morais Filho | Variantes dos estados | Interpretação do auto dos congos | A sobrevivência histórica | Fragmentos da his-

tória angola-conguesa | A explicação psicanalítica | As lutas do matriarcado | Temas do herói e do sacrifício | O auto dos quilombos | A sobrevivência histórica de Palmares | Autos guerreiros luso-afro-brasileiros

Capítulo III | A sobrevivência totêmica: autos e festas populares 59
Distribuição do totemismo africano, entre os sudaneses e bantus | Clãs totêmicos e autos populares | As festas populares do ciclo do Natal | Pastoris, ternos e ranchos | Os ranchos da Bahia e sobrevivências totêmicas | Clubes, blocos e cordões de carnaval | Clãs e confrarias | As confrarias negro-católicas | A devoção de Nossa Senhora do Rosário e São Benedito | Os reis congos | Procissões e embaixadas | Festas carnavalescas de origem africana | Os Pândegos da África | Os maracatus | Personagens dos maracatus | Sobrevivências históricas, totêmicas e religiosas dos maracatus | Reis, totens, calungas e iteques

Capítulo IV | A sobrevivência totêmica: o ciclo do boi ... 81
Os reisados e o tema do boi | O ciclo nordestino dos vaqueiros | O bumba-meu-boi | As origens européia, ameríndia e africana | As festas do Aguinaldo | O boeuf-gras | O totemismo afro-bantu do boi | As dramatis personae do bumba-meu-boi | Versões de alguns estados | Fusão de vários festejos populares | Reisados, guerreiros, pastoris, congos e caboclinhos | Auto dos guerreiros (versão de Alagoas) | Psicanálise dos autos populares do ciclo do bumba-meu-boi | O ritual do sacrifício | A refeição totêmica | O motivo da morte e da ressurreição do boi

Capítulo V | A sobrevivência da dança e da música 103
As origens mágico-religiosas da música e da dança | A música primitiva e os ritos de encantação | A legenda de Orfeu | A dança primitiva e as cerimônias rituais | A dança entre os sudaneses e bantus | Danças de guerra, de caça, de religião e de amor | As danças africanas no Brasil | As "cerimônias" e os autos do ciclo do Natal | O batuque angola-conguês | O samba | Classificação das danças afro-brasileiras | Variantes regionais | A classificação das estações radio-

difusoras | Instrumentos negros | O canto vocal e instrumental entre os sudaneses e bantus | O canto vocal e instrumental dos negros no Brasil | Os atabaques | O folk-song afro-brasileiro

Capítulo VI | **Os contos populares de animais** 137
Classificação dos contos populares brasileiros | A literatura oral africana | A literatura escrita afro-muçulmana | A literatura anônima: bardos e griots | Os arokins e akpalôs iorubanos | Os narradores angola-congueses | Psicologia do narrador africano | As "interpolações" | A linguagem mímica e os "auxiliares" da narração | Os akpalôs brasileiros | O folclore mítico | Os contos heróicos | Os contos de animais e sobrevivência totêmica | O ciclo da tartaruga | Os contos brasileiros do jabuti | Outros contos de animais | Exemplos de variantes regionais

Capítulo VII | **Os contos do Quibungo e o ciclo de transformação** 165
Animais e seres míticos | Os monstros antropomórficos | O licantropo na antiguidade e entre vários povos primitivos | O licantropo na África | O lobisomem brasileiro | O Quibungo | Os contos do ciclo do Quibungo *| Versões de Nina Rodrigues e de J. da Silva Campos | Os contos etiológicos afro-brasileiros | Contos brasileiros e correspondentes africanos | Os equivalentes africanos dos contos do Surrão, da Madrasta, da Borralheira, do Pequeno Polegar | A sua significação simbólica*

Capítulo VIII | **Psicanálise dos contos populares** 183
Mitos, fábulas e contos populares africanos | Classificação de Frobenius | A curva das culturas | O "sentido" dos contos populares africanos | Paideuma | A interpretação dos contos afro-brasileiros | O ciclo do jabuti e a tese solarista | Contos de animais e sobrevivências totêmicas | A exegese psicanalítica | O mito e o conto popular | A "elaboração" nos mitos e contos | O caráter "moral" e "prático" do conto popular | Análises de alguns contos afro-brasileiros de animais | O complexo de castração e a angústia | Análise dos contos de Quibungo *| O ciclo das madrastas e a fantasia da mãe fálica | Os contos heróicos | Os motivos do desmame e de iniciação do adolescente*

Capítulo IX | O folclore de Pai João 197
Provérbios e adivinhas de origem africana | O folclore de Angola | Misoso, jinongonongo, mabunda e jiselengenia | Adivinhas da Lunda | O folclore dos engenhos e das plantações no Brasil | Os versos populares negro-brasileiros | Exemplos colhidos no Nordeste | As cantigas de "parentes" | O folclore da cidade | Os negros ganhadores | Cantos e companhias | As sátiras e as cantigas de desafio | A vingança do negro

Capítulo X | Conclusão: o inconsciente folclórico 229
A função psicossocial do folclore | O carnaval da Praça Onze, um símbolo | Carnaval brasileiro e sobrevivências africanas | A função das Praças Onze | A interpenetração de culturas | O Paideuma afro-brasileiro | O inconsciente folclórico | A psicologia social negro-brasileira

APRESENTAÇÃO

Nos anos 1930, uma farta produção de estudos sobre o negro no Brasil dá ensejo a obras seminais que, invertendo a lógica de crenças pessimistas herdadas do século anterior, destacam a multifacetada contribuição africana para a formação racial e cultural do país. Tais iniciativas convergem no esforço de alguns autores para a instituição de uma antropologia brasileira que, na confluência de novas disciplinas, traz à tona fontes de pesquisa, abordagens e métodos de investigação novos. Aos olhos de estudiosos brasileiros e estrangeiros, o Brasil desponta como uma espécie de laboratório racial, suscetível de dar lições ao mundo contaminado pela exacerbação de ideologias que pregam as diferenças entre as raças. Naquele momento, cristaliza-se então a idéia de que a miscigenação e as trocas culturais entre brancos, negros e índios constituem a expressão de uma "democracia racial", da qual Gilberto Freyre aparece em geral como autor emblemático, fincando com *Casa-grande & senzala* (1933) um dos mais persistentes paradigmas de interpretação do Brasil. Embora desde seu aparecimento seja alvo de controvérsias, ao longo do tempo, como árvore que esconde uma floresta, a repercussão alcançada pela obra freyriana dentro e fora do país acabou encobrindo a efervescência de uma época em torno da nossa mestiçagem e o papel de estudiosos que se dedicaram anos a fio à produção de trabalhos pioneiros sobre o negro e as tradições afro-brasileiras, combatendo o preconceito racial no Brasil e no mundo.

O alagoano Arthur Ramos (1903-1949) ocupa lugar central como um dos mais dinâmicos "líderes da mudança"[1], quando, no período mencionado, se opera uma inversão positiva dos estudos africanistas entre nós. Não tardaria a desfrutar de reconhecimento nacional e internacional, sendo apontado como a "autoridade", o "precursor", a "alma" do "estudo científico" do negro no Brasil[2], na afirmação de um de seus divulgadores nos Estados Unidos, onde a primeira publicação sobre o negro brasileiro foi o seu *The Negro in Brazil*[3].

Espírito fecundo, erudito e sociável, Arthur Ramos conciliou seus talentos como pesquisador, professor e escritor com as habilidades exigidas pelos cargos ocupados em diversas entidades, de hospitais a universidades, de sociedades científicas a órgãos governamentais. Nas andanças de Alagoas para a Bahia, desta para o Rio de Janeiro, do Brasil para os Estados Unidos e depois para a Europa, observa-se como a paixão de um médico pela etnologia/etnografia o leva a abraçar e a construir plenamente sua identidade profissional no âmbito da antropologia. Em 1941, após uma temporada nos Estados Unidos como professor-visitante e conferencista em várias universidades, período em que reforça seus vínculos teóricos com a antropologia cultural americana, Arthur Ramos funda no Rio de Janeiro a Sociedade de Antropologia e Etnologia com o objetivo de promover maior intercâmbio entre as pesquisas brasileiras e estrangeiras. Entre 1943 e 1947 publica os dois volumes de *Introdução à antropologia brasileira*, que somam mais de mil páginas, demonstrando a envergadura de seu projeto e o fôlego de quem, neste intermédio, realizara uma segunda tese, desta vez sobre os índios brasileiros, para a cátedra de Antropologia e Etnologia na Universidade do Brasil[4]. Assim, o prestígio nacional e interna-

---

1 Thomas Skidmore, *Preto no branco: raça e nacionalidade no pensamento brasileiro*, Rio de Janeiro, Paz e Terra, 1976, p. 209.
2 "Introdução de Richard Pattee", in Arthur Ramos, *O negro na civilização brasileira*, Rio de Janeiro, Livraria Editora Casa do Estudante do Brasil, 1971, v. I, p. 14.
3 Publicado nos Estados Unidos em 1939 quando Arthur Ramos lecionara na Universidade de Louisiana e só mais tarde em português, no Brasil. A tradução para o inglês de *Casa-grande & senzala – The Masters and the Slaves* – só seria publicada em 1946 em Nova York.
4 Maria José Campos, *Arthur Ramos: luz e sombra na antropologia brasileira*. Dissertação de Mestrado, Faculdade de Filosofia, Letras e Ciências Humanas, Universidade de São Paulo, 2002, pp. 21-2.

cional de Arthur Ramos foi determinante para a sua indicação, em 1949, ao posto de Chefe do Departamento de Ciências Sociais da recém-criada Unesco, em Paris, convite que o obrigaria a renunciar à planejada viagem de estudos à África. Conforme já demonstraram alguns autores, é no contexto de um pós-guerra ávido por contrapor às imagens do holocausto um novo modelo de relações raciais que o Brasil surge como campo fértil para a observação socioantropológica, visto ser, de longe, um país onde se dão relações raciais harmônicas. No entanto, Arthur Ramos falece precocemente em outubro de 1949, alguns meses após assumir o novo cargo. Deixa, portanto, de assistir aos desdobramentos do projeto de estudos sobre integração do negro e do índio à sociedade moderna, especialmente elaborado por ele para a agência intergovernamental, convencido, desde havia muito, de que, apesar do preconceito de cor e das desigualdades sociais entre negros e brancos, o Brasil ainda era o país capaz de oferecer "a solução mais científica e mais humana para o problema, tão agudo entre outros povos, da mistura de raças e de culturas"[5]. A breve passagem de Arthur Ramos pela Unesco não foi infrutífera, pois, além de ter sido o idealizador de uma pesquisa sobre relações raciais que aconteceria no Brasil a partir de 1950 sob o patrocínio da Unesco, contribuiu para dar visibilidade ao país e aos cientistas sociais brasileiros.

O vigor intelectual de Arthur Ramos se comprova com os números impressionantes de sua produção: mais de mil e duzentos títulos entre livros, artigos, cursos, conferências, citações de suas obras, levantamento de fontes para estudo crítico do Brasil, etc.[6] A abundante e assídua correspondência com amigos e renomados colegas estrangeiros testemunham sua habilidade em tecer uma extensa rede de relações que, além de consagrá-lo, instigavam-no a sintonizar-se com as mais

---

[5] Arthur Ramos, *Guerra e relações de raça*, Rio de Janeiro, Departamento Editorial da União Nacional dos Estudantes, 1943, p. 179, *apud* Marcos Chor Maio, "O Brasil no concerto das nações: a luta contra o racismo nos primórdios da Unesco", *História, Ciências, Saúde – Manguinhos*, V(2): 375-413, jul.-out. 1998.
[6] Maria José Campos, *op. cit.*, p. 16, nota 8.

avançadas teorias e correntes de pensamento de seu tempo, do culturalismo à psicologia social e à psicanálise.

Trabalhos recentes têm procurado analisar as razões que teriam confinado a um relativo esquecimento um autor prolífico cuja obra concorreu para a formação da crença e a construção do discurso em torno da democracia racial, concebida como uma especificidade brasileira. Semi-esquecida, também, sua importância para a história da antropologia no Brasil[7], disciplina que a seus olhos exigia mais do que o simples desempenho acadêmico, mas um verdadeiro engajamento ético e político naqueles anos em que se assistia aos trágicos desdobramentos do nazismo e da segregação racial norte-americana.

Formado pela Faculdade de Medicina da Bahia, apresenta em 1926 a tese de doutorado "Primitivo e loucura", e começa, pouco depois, a trabalhar como médico-legista no Instituto Nina Rodrigues, onde toma contato com a antropologia física e o material recolhido pelo igualmente médico-legista Raimundo Nina Rodrigues (1862-1906), ao qual seu nome seria freqüentemente associado. Sob a influência de Darwin e Gobineau, Nina Rodrigues realizara, com *Os africanos no Brasil*, o primeiro estudo etnográfico sistemático das etnias africanas aqui chegadas. No entanto, por ter buscado explicar, em bases ditas científicas, a inferioridade do elemento de origem africana e sua incapacidade inata para a "civilização", alçou-se à condição de primeiro teórico brasileiro do preconceito racial[8]. Embora suas pesquisas o conduzissem a posições diametralmente opostas às de Rodrigues, em diversas ocasiões Arthur Ramos reverencia o trabalho pioneiro, porém esquecido, do médico maranhense cujas obras seriam reeditadas por ele nos anos 1930. Coloca-se, de certa forma, como seu continuador, chamando a si a tarefa de completar os ainda incipientes estudos sobre o Negro (em seus escritos, palavra sempre grafada em letra maiúscula). Porém, o contato íntimo com a obra de Nina Rodrigues apontava a

---

7 Maria José Campos, *op. cit.*
8 Thomas Skidmore, *op. cit.*, pp. 75-6.

necessidade de adaptar aos novos tempos as "teorias" do mestre, furtando-se Arthur Ramos a julgar mais severamente o viés racista de um autor "evolucionista", porém "fecundo", conforme assinala no Prefácio da primeira edição d'*O folclore negro do Brasil* (1935). O tributo é evidente: "Eu não me canso, em meus estudos atuais sobre o negro brasileiro, de chamar a atenção para os trabalhos de Nina Rodrigues [...], o Congresso [afro-brasileiro] de Recife [1934] assinalou nova fase das pesquisas sobre o negro brasileiro, mas será injustiça desconhecer o grande mérito da escola de Nina Rodrigues, que revelou às gerações de hoje os primeiros estudos científicos sobre a questão, agora continuados pelos seus discípulos."[9]

Esses anos de guinada são impulsionados por Arthur Ramos, entre outros, na medida em que marcam a própria guinada do médico-etnólogo que se dedicaria por alguns anos exclusivamente aos estudos do negro, estudos que, desde então, constituem verdadeiros marcos teóricos sobre o tema. De 1934 a 1939, Arthur Ramos lança quatro obras[10] que se propõem compendiar e analisar influências africanas na religião, na música, nas crenças, nos contos, na língua, para não dizer na própria expressão corporal dos brasileiros, aspectos, segundo ele, reveladores de um sincretismo observado em outras regiões das Américas. Consciente de contribuir para a reformulação não só dos conteúdos como do papel das ciências sociais, e avesso a qualquer tipo de dogmatismo disciplinar, o erudito antropólogo em geral expõe em suas obras os novos métodos, abordagens e teorias a que se afilia, particularmente a psicologia social e a psicanálise, graças às quais se propõe ampliar o escopo e a dimensão científica dos campos estudados. Neste sentido, chama a atenção a figura de um homem familiarizado com a produção de contemporâneos como Lévy-Bruhl, Otto Rank, Freud, Malinowski, cujas obras só podiam ser lidas no idioma original.

---

9 Ver Prefácio, p. 4.
10 Trata-se de *O negro brasileiro: etnografia religiosa* (1934); *O folk-lore negro do Brasil* (1935); *As culturas negras no Novo Mundo* (1937); *O negro na civilização brasileira* (1939). Pode-se considerar que este ciclo se completa, na década seguinte, com *A aculturação negra no Brasil* (1942).

Não é isolado, num Brasil marcado por um forte sentimento nacionalista no âmbito de produções acadêmicas, artísticas e culturais, o interesse de Arthur Ramos pelo folclore, como, aliás, se pode depreender da própria leitura de *O folclore negro do Brasil*, no qual o autor faz inúmeras referências a trabalhos publicados pouco antes do seu e que lhe servem de subsídio. Entre os seus contemporâneos brasileiros, o primeiro lugar cabe decerto ao Mário de Andrade musicólogo, para quem, a partir da frutuosa viagem de cunho etnográfico pelo Nordeste em 1928-1929, o folclore, abordado numa dimensão mais estética, se torna um de seus campos de estudo prediletos ao qual dedica vários livros e artigos. Alguns destes haviam sido publicados no próprio ano de 1935, o que reflete a capacidade do antropólogo alagoano em romper fronteiras internas ao país, dialogar e sintonizar-se com pesquisas realizadas por colegas de outros estados, estabelecendo influências recíprocas da mesma forma que se observaria em suas relações com pesquisadores estrangeiros, como Roger Bastide, que o considera um de seus iniciadores nos estudos sobre o negro no Brasil. Além de manter estreitos laços de amizade com Mário de Andrade, atestada por uma intensa correspondência, Arthur Ramos participou de projetos desenvolvidos pelo escritor modernista quando este se encontrava à frente do Departamento Municipal de Cultura de São Paulo. Se a postura de Mário de Andrade em relação ao folclore aproximava-o de um certo nacionalismo romântico, o desenvolvimento de meios para suprir certas carências aparecia-lhe sob uma ótica instrumental, fortemente ideológica e não menos urgente. Era necessário formar rapidamente pesquisadores aptos a coletar, de maneira científica, com "seriedade" e o mais exaustivamente possível, "o que este povo guarda e rapidamente esquece"[11]. Arthur Ramos dera pela mesma falta quando lamenta, n'*O folclore negro do Brasil*, a inexistência "em seu devido tempo" de folcloristas que houvessem registrado a vida dos escravos em seus di-

---

11 *Catálogo do Arquivo da Sociedade de Etnografia e Folclore*, São Paulo, Centro Cultural São Paulo, 1993, p. 5.

versos locais de trabalho, a exemplo do que ocorrera nos Estados Unidos, onde os estudos sobre o folclore negro já se desenvolviam em algumas universidades. Por essa razão, Arthur Ramos se incluiria rapidamente entre os colaboradores da Sociedade de Etnografia e Folclore, fundada em 1936 pelo escritor paulista, tendo por objetivo "orientar, promover e divulgar estudos etnográficos, antropológicos e folclóricos"[12]. A idéia surgira após a realização de um curso para a formação de folcloristas na pesquisa de campo, promovido pelo Departamento de Cultura e ministrado pela etnóloga Dina Lévi-Strauss, que acompanhara seu marido Claude Lévi-Strauss ao Brasil para a fundação da Universidade de São Paulo. Ao abordar elementos de caráter musical, Arthur Ramos cita elementos de um estudioso também ligado ao autor de *Macunaíma*, o compositor, pianista e folclorista Luciano Gallet (1993-1931), cujas obras musicais retomam temas afro-brasileiros, uma demonstração de que, em termos musicais, as fontes do folclore nacional são basicamente luso-africanas, conforme ele mesmo afirma em *Estudos sobre folclore*, obra publicada postumamente com prefácio de Mário de Andrade. Arthur Ramos refere ainda o estudo de Câmara Cascudo publicado em 1929 sobre instrumentos musicais afro-brasileiros e, a despeito das divergências que marcariam posteriormente seu relacionamento com Gilberto Freyre, assinala que em *Casa-grande & senzala* os folcloristas encontram "material de primeira ordem". Por trás das iniciativas desses aprendizes-etnógrafos escondia-se uma aspiração: desvendar os traços recônditos do que por aqueles tempos começava-se a chamar de "brasilidade".

Arthur Ramos investiga o folclore negro, remontando à nascente africana, como elemento constitutivo de um *paideuma* (alma de uma cultura), conceito emprestado ao etnólogo alemão Leo Frobenius (1873-1938), cujos trabalhos suscitaram entusiasmo entre africanistas e também entre líderes africanos, como Leopold Sedar Senghor, fundador do movimento literário-político da Negritude no final dos anos

---

12 *Ibid.*, p. 7.

1930. De 1904 a 1935, Frobenius percorrera o continente africano, onde estudou lendas, contos maravilhosos, pinturas rupestres, além de milhares de objetos e documentos que lhe permitiram estabelecer relações entre a mitologia africana e a de outras tradições, introduzindo, com o conceito de continuidade das culturas, a idéia de que haveria uma origem cultural comum entre a África negra e outros povos. Sua obra, hoje pouco conhecida, para não dizer marcada por um certo descrédito, teve mesmo assim o mérito de revelar aos europeus uma arte e uma cultura sofisticada, na contramão do ideário colonialista que negava nos negros qualquer capacidade criativa. Rompia, portanto, com a imagem exótica, associada à barbárie, demonstrando o vigor das civilizações do continente africano. Arthur Ramos encontra amparo nas teses instigantes de Frobenius para suas próprias convicções de que eram infundados os estereótipos que recaíam sobre os negros e as culturas provenientes da África, como procuraria demonstrar de várias formas em suas obras. N'*O folclore negro do Brasil*, o pesquisador alagoano estabelece paralelos entre contos de animais africanos com lendas greco-romanas e contos indianos, levanta a procedência comum de histórias de animais contadas pelos negros do Brasil e dos Estados Unidos, e aponta como os contos totêmicos africanos se mesclam com fábulas européias e ameríndias. As histórias coletadas e analisadas com admirável erudição ilustravam uma vez mais o relativismo cultural, o equilíbrio entre os pratos da balança, já que os contos afro-brasileiros repetiam, segundo Arthur Ramos, os mesmos motivos temáticos presentes no folclore de outros povos.

Nas entrelinhas ou de forma explícita, em suas obras o alagoano obstina-se em denunciar infundados preconceitos. Prova disso o fato de ter sido uma das primeiras personalidades a se pronunciar contra a repressão policial às religiões afro-brasileiras, tema de sua obra anterior, *O negro brasileiro* (1934), retomado no primeiro capítulo de *O folclore negro do Brasil*, onde aponta como tais cultos se integram intimamente ao nosso "patrimônio folclórico assim como as *superstições* das religiões européias" (grifo do autor). Constata com eloqüente indignação que o negro é alvo de toda sorte de estigma – "sátiras", "zombarias", "desdém" – em várias formas de expressão do folclore brasileiro. Nos desafios, expressam-se as rivalidades entre negros e mestiços, sendo raras as ocasiões em que o negro e o branco se colocam em pé de igualdade.

Das religiões aos contos afro-brasileiros, das danças e músicas às festas e ditos populares, do bumba-meu-boi ao samba e o carnaval, poucos temas talvez tenham escapado ao estudo de Arthur Ramos, que se aventura por essas "estradas régias" em busca de um "inconsciente folclórico", formador de um núcleo comum a todos os povos e cujos conteúdos apenas se manifestam diferentemente no plano da cultura. Daí a constatação final de um relativismo que inviabilizaria a classificação dos homens em "superiores" e "inferiores".

Além dos temas apresentados, o interesse d'*O folclore negro do Brasil* reside no ponto para o qual o próprio autor chamará a atenção, ou seja, nos métodos hauridos na antropologia cultural, da psicanálise e da psicologia social. Arthur Ramos contribuía, assim, para uma redefinição dos estudos sobre folclore não como simples levantamento de fatos curiosos e pitorescos, mas como um campo de estudos complexo, lançando as bases para a inscrição da cultura popular nas ciências sociais. Quanto ao autor, retirá-lo de um certo silêncio significa reconhecer a atualidade de quem vislumbrou, em seus anseios pelo universalismo, a fertilização intercultural das sociedades passadas, presentes e futuras.

LIGIA F. FERREIRA

O FOLCLORE NEGRO
DO BRASIL

PREFÁCIO

O movimento de interesse nos estudos sobre o negro brasileiro, a que estamos assistindo presentemente, revela um estado de espírito inédito, de protesto e reivindicação.

Protesto contra o desconhecimento quase absoluto de um problema que nos interessa de maneira tão notória. Protesto contra o unilateralismo artificial e inconseqüente desses estudos, relegados ao seu exclusivo aspecto histórico. E esse mesmo falho. A não ser a obra (que até pouco tempo permanecia entre desconhecida e inédita) de Nina Rodrigues, quais os estudos verdadeiramente exatos, referentes à história do negro brasileiro?

O "pateticismo" da campanha abolicionista foi o responsável por esse estado de coisas. Basta relembrar o incrível fato da destruição dos documentos históricos da escravidão, determinada pelo Ministério da Fazenda, na circular n.º 29, de 13 de maio de 1891. O treze de maio, que foi a data oficial da libertação dos negros escravos, aí marcou a data do seu desconhecimento. Esta inversão de sentido transformou uma escravidão de direito numa escravidão de fato. A cegueira é uma modalidade da escravidão. A cegueira, a ignorância, e a inferioridade daí resultante. Psicologicamente, o 13 de maio de 1891 exprime o "não-querer" ver o assunto, a cegueira "scotomizante" para uma tarefa incômoda. Mas "incômoda" para os negros? Não. Incômoda para os "brancos", os falsos cientistas que quiseram apagar no papel as "manchas" negras que chamaram sobre nós o anátema de Bryce. "Manchas negras" que ainda hoje têm os seus teóricos, esses cientistas que nos acenam um pretenso "branqueamento" arianizante, como se isto pudesse mudar a face dos nossos destinos.

Eis aí, portanto, como o "pateticismo" abolicionista foi o principal responsável pela ignorância brasileira dos problemas do negro. Poucos documentos do tráfico de escravos nos restam. Os arquivos alfandegários, destruídos. Documentos da escravidão, inexistentes. Com relação aos estudiosos estrangeiros, sabemos quantos dados errôneos, quanto preconceito e má-fé! De modo que os nossos historiadores se têm esbarrado com estas dificuldades, e os seus resultados são falhos e muitas vezes imaginários.

No decorrer desse largo período de "scotoma" para o problema da raça negra no Brasil, apenas se salvou a obra de Nina Rodrigues. Eu não me canso, em meus estudos atuais sobre o negro brasileiro, de chamar a atenção para os trabalhos de Nina Rodrigues, na Bahia, ponto de partida indispensável ao prosseguimento de um estudo sistematizado e sério sobre a questão.

Essa injustiça tem sido cometida por alguns pesquisadores e, no próprio Congresso Afro-brasileiro de Recife, não se homenageou, como era de esperar, o nome do grande mestre baiano. Desde 1926, na Bahia, venho reivindicando os trabalhos de Nina Rodrigues e até 1932, quando a atenção dos estudiosos ainda não se achava, como hoje, voltada para o assunto, publiquei várias monografias que deveriam constituir, depois, o núcleo da obra *O negro brasileiro*, cujo segundo volume apresento agora à publicidade.

Evidentemente, o Congresso de Recife assinalou a nova fase das pesquisas sobre o negro brasileiro, mas será injustiça desconhecer o grande mérito da escola de Nina Rodrigues, que revelou às gerações de hoje os primeiros estudos científicos sobre a questão, agora continuados pelos seus discípulos.

Essa reivindicação é, portanto, o ponto de partida indispensável a esses novos trabalhos.

Outro fator que tem comprometido a valorização científica dos estudos sobre o negro brasileiro são os ensaios de conjunto – sob o ponto de vista etnográfico, sociológico ou o que mais for – sobre o brasileiro, as populações brasileiras, a sociedade brasileira, etc., sem um estudo prévio, discriminativo, científico, dos seus elementos étnicos de procedência, especialmente do elemento negro. De modo que resulta uma alarmante balbúrdia, na nomenclatura, no valor relativo das várias tribos negras importadas, na sua diferenciação antropológica, etnográfica, no valor desigual das culturas introduzidas e aqui postas em contato com outras culturas, etc.

Esse trabalho preliminar constituirá, em rigor, o único método científico, que fornecerá elementos parciais ao nosso conhecimento ulterior. A preocupação apriorística de tal ou qual método sociológico ou etnográfico só nos poderá ser prejudicial. Será a teoria antes dos fatos. O Brasil ainda não possui estabilidade sociológica que nos permita uma visão definitiva de conjunto sobre nós, como "povo". O elemento ameríndio, não obstante os múltiplos e interessantes documentos já colhidos, continua ainda o grande desconhecido. O negro, idem. E, quanto aos outros elementos, só agora é que se vão tentando estudos no particular, dificultados por uma série de fatores ligados a essa mesma habilidade social: movimento migratório contínuo, migrações secundárias, a obra vasta do *melting pot*, etc.

Em *O negro brasileiro*, por exemplo, fui criticado por não ter adotado o método histórico-cultural. Apenas porque não citei os nomes de Schmidt, Anckermann ou Graebner. Isto é, apenas porque não declarei, de início, que ia encarar o problema religioso do negro às luzes de tal método. No entanto, fiz legítimo método histórico-cultural, quando discriminei culturas diferentes trazidas até nós pelo sudanês, pelo negro maometano, ou pelo bantu. Formas religiosas "diferentes" trazidas até nós e aqui amalgamadas com outras culturas. Agora, falar em áreas culturais, no Brasil (não o Brasil pré-colombiano), com o mesmo critério com que se estudam as religiões dos pigmeus ou dos indígenas australianos, a coisa muda de figura. E sem o critério de discriminação prévia, a que me refiro, esse esforço resultará em vão, no momento.

Sou de opinião de que o método mais justo é aquele que conduz a resultados mais fecundos, que conduz à colheita de dados ricos e à sistematização científica desses dados. Nina Rodrigues, evolucionista puro, foi fecundíssimo no seu tempo. E hoje apenas temos de ajustar as suas teorias às da nossa época. Uma teoria é uma hipótese de trabalho, apenas, e neste sentido tanto é útil o método histórico-cultural como o psicanalítico ou qualquer outro. O que vale é a fecundidade dos resultados. O que vale são os fatos.

Isso é o que infelizmente nos falta. São "fatos". São dados. A sistematização virá depois, naturalmente. E, ao indagarmos o "como" desses fatos, estaremos fazendo "método" histórico-cultural, e, ao indagarmos o "por quê", estaremos fazendo psicanálise, por exemplo.

Os nossos estudos não poderão ser prejudicados por essas polêmicas prévias. E no concernente ao negro brasileiro, esse estado de coisas nos abarrotaria de teorias, mas nada resolveria do conhecimento dos seus problemas, das suas condições de vida, das suas aspirações e do seu futuro. Seria uma atitude falsa, semelhante à circular nº 29, de 13 de maio de 1891.

Com esse mesmo critério metodológico abordarei agora o estudo do "folclore negro" do Brasil. Sem a pesquisa demopsicológica inicial, dos elementos étnicos originários, qualquer método de estudo do folclore brasileiro tropeçará em dificuldades intransponíveis. Até um certo ponto será ainda a continuação da escola de Sílvio Romero, no seu esforço discriminativo dos elementos folclóricos formadores da nossa psique coletiva. E nem se diga que essa posição infirma o critério culturalista, que os eruditos do folclore estão acenando como o "último" método de pesquisas da demopsicologia. Os dois métodos se completam. Ou melhor: sem o estudo prévio das culturas várias (e tão desiguais!) introduzidas no Brasil pelo negro africano, todo o esforço será feito em terreno movediço e impreciso. Devemos assumir uma posição conciliatória em meio às diversidades metodológicas nas ciências sociais, fugindo assim a todo o unilateralismo.

É a psicologia social, com a posição metodológica a que aludo, que virá esclarecer "psicologicamente" os móveis dessas discussões e controvérsias, denunciando as tramas, muitas vezes inconscientes, destes exclusivismos, quase sempre a serviço de determinadas crenças e convicções filosóficas e até de ideologias político-sociais.

Neste livro, o "folclore negro" do Brasil não é estudado como material pitoresco, para recreio de espíritos curiosos. Não se trata de uma história amena de curiosidades domésticas e sociais da vida do negro nas plantações, nos engenhos, nas minas, nos trabalhos da cidade. É um método de exploração científica do seu inconsciente coletivo, como o fizemos no estudo das suas religiões e dos seus cultos. Apenas agora trabalhamos com material diferente, embora aproximados um do outro. Religiões, cultos, folclore... "estradas régias" que levam ao inconsciente coletivo.

Deixo consignados os meus agradecimentos a todas as pessoas que colaboraram neste livro, muito especialmente aos meus irmãos e amigos que me têm enviado riquíssimo material documentário do Nordeste e de outros pontos do Brasil. A minha esposa e meu irmão Raul Ramos devo as notações musicais e outros dados de inestimável valor na organização do volume.

Um último agradecimento comovido para vocês todos, Maria José, Valdemar, Valdevinos, Gervásia, Chico Foguinho, Honorato, Azeitão... meus professores de psicologia social, meus mestres de história do Brasil.

ARTHUR RAMOS
Rio, 31 de julho de 1935.

CAPÍTULO I | A sobrevivência mítico-religiosa

Duas míticas principais introduziram os negros africanos entrados no Brasil e pertencentes aos dois povos, sudaneses e bantus, que maior número forneceram ao tráfico de escravos. Mas não é com o método puro da etnografia religiosa que as abordaremos agora, como já o fizemos em *O negro brasileiro*. Intentaremos mostrar como essas criações mitológicas, veiculadas no bojo das suas religiões e cultos, aqui se fragmentaram e se diluíram no vasto mundo do folclore brasileiro. O negro brasileiro atual já não conserva a lembrança desses mitos primitivos. Mas ficou dormindo no seu inconsciente coletivo a força emocional que outrora os criou.

Um duplo critério nos guiará nestas pesquisas: o de conhecer esses mitos na sua pureza primitiva, entre os povos de origem, pelo testemunho dos viajantes e etnógrafos que os recolheram, e o de fazer a coleta dos seus fragmentos atualmente existentes no Brasil. Isso nos dará resultados fecundos, por onde poderemos acompanhar as leis de transformação e degradação desses mitos de origem, ao contato com outras formas de cultura.

O sudanês, com os iorubanos e os jejes, introduziu criações mitológicas bem adiantadas e que se emparelham com velhos mitos da humanidade.

Na mitologia jeje-iorubana, há uma primeira entidade que não faz parte das peripécias do Olimpo africano. É uma entidade sem forma, sem representação concreta, muito embora, pela dificuldade de abstração da mentalidade primitiva, a tenham confundido com a abóbada celeste. Esse deus é Olorum, *o senhor do céu* ou *o mestre do céu*, na etimologia proposta pelo missionário Bowen. É quase confundido com o deus das religiões monoteístas, e seria mais um argumento para os Schmidt, partidários de um *Urmonoteismus* entre os povos primitivos.

Mas, como tal, Olorum não tinha nenhum culto na África. Costumava dizer o missionário Bowen que Olorum só se manifesta através dos deuses secundários, intermediários, os orixás. Para ser objeto de culto na África, Olorum precisou tomar uma representação concreta. Aí se tornou um *nature-god*, confundido com a abóbada celeste, entidade meteórica, portanto passível de se tornar objeto de culto.

João do Rio consignou os nomes Orixá-alum e Orixalá-alum, ouvindo de um feiticeiro a observação de que os negros no Brasil não tinham um deus que mandasse em todos, e, nesta ignorância, chamavam a esse hipotético deus de Orixá-alum[1].

No tempo de Nina Rodrigues, grande parte dos afro-baianos ainda identificava Olorum com o deus do céu e, posteriormente, o confundira com o Deus dos cristãos. Nina Rodrigues ainda conseguiu ler a seguinte inscrição num açougue na Baixa dos Sapateiros: *Ko si oba Kan ofi Olorun*, que lhe foi traduzida: *Não há um rei como Deus, ou igual a Deus*, achando o professor baiano ter havido forte influência cristã e muçulmana nesta inscrição de Olorum[2].

Escrevi em *O negro brasileiro* nunca ter ouvido a menor referência a Olorum ou a Orixá-alum nos candomblés que tenho freqüentado. Observações mais recentes me levam a afirmar o contrário.

---

[1] Vide Arthur Ramos, *O negro brasileiro*, Rio de Janeiro, Biblioteca de Divulgação Científica, 1935, p. 31.
OBS.: Este livro está, hoje, em 3ª edição. A citação aqui mencionada e as seguintes referem-se à 1ª edição.

[2] Nina Rodrigues, *O animismo fetichista dos negros baianos*, Rio de Janeiro, Biblioteca de Divulgação Científica, 1935, p. 35.

Em algumas raras macumbas do norte do Brasil, o nome de Olorum é ainda lembrado, embora os negros lhe ignorem a significação. De uma neta de africanos, que ainda vive em Pilar (Alagoas), a velha Gervásia, ouvi que "Olórum (ela pronuncia *olóro* e *olólo*) é o Deus do céu, o Padre Eterno". De outro descendente de africanos, que me forneceu um extenso vocabulário de nomes nagôs, o Valdevinos, ouvi as seguintes fórmulas de agradecimento: "*Olorum modupê*" e "*Olorum didê*", que ele me traduziu como "Deus te proteja" e "Deus seja contigo"; e ainda estes versos, onde o misterioso Olorum se confunde com o rei Sapata das terras de Batirité (sic), embora haja uma alusão ao "céu", objeto de adoração:

> Rei Sapata em cinja ô minini
> Sapata vum, nas terra de Batirité
> Vamos já, acudi nosso reis Sapata
> Oloru é do céu, nóis devemos adorá

Seja como for, a minha observação primitiva permanece de pé: Olorum foi esquecido no Brasil. Já demos as razões psicanalíticas desse esquecimento e da evolução da mítica gege-nagô para a reprodução sexuada dos deuses antropomórficos.

Pode-se dizer que é com o casamento de Obatalá, o Céu, com Odudua, a Terra, que se iniciam as peripécias míticas dos deuses africanos da Costa dos Escravos[3]. Deste consórcio nasceram Aganju, a Terra, e Iemanjá, a Água. Como nas velhas mitologias, aqui também terra e água se unem. Iemanjá desposa o seu irmão Aganju e têm um filho, Orungã. Orungã, o Édipo africano, representante de um motivo universal, apaixona-se por sua mãe, que procura fugir-lhe aos ímpetos arrebatados. Mas Orungã não pode renunciar àquela paixão insopitável. Aproveita-se, certo dia, da ausência de Aganju, o pai, e decide-se a violentar Iemanjá. Esta foge e põe-se a

---

3 Vide A. B. Ellis, *The Yoruba-Speaking Peoples of the Slaves Coast of West Africa*, Londres, 1894, pp. 43 ss.

correr, perseguida por Orungã. Ia este quase a alcançá-la, quando Iemanjá cai ao chão, de costas. E morre. Então começa o seu corpo a dilatar-se. Dos enormes seios brotam duas correntes d'água que se reúnem mais adiante até formar um grande lago. E do ventre desmesurado, que se rompe, nascem os seguintes deuses: Dadá, deus dos vegetais; Xangô, deus do trovão; Ogum, deus do ferro e da guerra; Olokum, deus do mar; Oloxá, deusa dos lagos; Oiá, deusa do rio Níger; Oxum, deusa do rio Oxum; Obá, deusa do rio Obá; Orixá Okô, deusa da agricultura; Oxóssi, deus dos caçadores; Oké, deus dos montes; Ajê Xaluga, deus da riqueza; Xapanã (*Shankpannã*), deus da varíola; Orum, o Sol; Oxu, a Lua.

Não insisto sobre a significação psicanalítica deste início mítico dos gege-iorubanos, já destacada em *O negro brasileiro*. Apenas convém observar que os fragmentos míticos que sobreviveram no Brasil foram aqueles de forte simbolismo ligado aos complexos centrais, principalmente o motivo do sacrifício e da autopunição, o motivo da mãe e o motivo do herói. Obatalá (Oxalá), Iemanjá (por extensão, as outras deusas-mães) e Xangô (por extensão, os outros orixás fálicos) foram os deuses orixás que se fixaram no Brasil e tendem a aqui se perpetuar, quando não a se confundir com os deuses equivalentes de outros cultos.

É a mesma coisa que observamos no catolicismo popular do Brasil. Deus, como abstração monoteísta, é uma entidade incompreensível, e apenas existente nos jogos de palavras. Para que o vulgo se demore a pensar nele, é preciso *figurá-lo*, *representá-lo* num símbolo concreto. E nós vemos, então, o Padre Eterno convertido num velho de barbas, sobrecenho carregado, e voz grossa e tonitruante. Herança de velhos paganismos. A mesma coisa com Olorum-olólo, que a velha Gervásia ainda hoje confunde com o Padre Eterno, mas o Padre Eterno, o de barbas, que "está em cima daquela abóbada azul".

Com Obatalá-Oxalá, o esforço de abstração já não é tão grande. Obatalá é o filho que se superpõe ao pai. Cristo – Krishna – Buda, de significação universal. Por isso, Obatalá ou Orixalá é o "maior de todos os santos". Os negros, no Brasil, o assimilaram a Cristo, mas a um Cristo materializado, concreto, adorado popularmente, como, por exemplo, o Senhor do Bonfim, na Bahia, "Cristo-rei", cantam os católicos e os afro-brasileiros respondem:

> Oxalá-rei, ô, i, babá ô é...
> (candomblés da Bahia)

Odudua também ficou esquecida no inconsciente coletivo, porque pertence a fases muito primitivas da seriação mítica. É uma deusa-mãe, como Santana, que tem de ceder o lugar a outra deusa-mãe, esta sim de fortes motivos universais: *Mãe Nossa, Nossa Senhora*, Iemanjá...

Por isso é que afirmei, em *O negro brasileiro*, que as deusas-mães nos chegaram ao Brasil por intermédio de Iemanjá. Com Iemanjá, vieram mais dois orixás iorubanos, Oxum e Anamburucu (os negros pronunciam hoje: Nanamburucu). No Brasil houve uma forte confluência mítica: com as deusas-mães, sereias do paganismo superstite europeu, as Nossas Senhoras católicas, as iaras ameríndias. Sabemos que, entre nós, as deusas-mães são Nossa Senhora do Rosário (Iemanjá), Nossa Senhora da Conceição (Iemanjá e Oxum), etc. Já tivemos ocasião de mostrar qual *leitmotiv* interliga essas várias concepções, onde três crenças principais se puseram em contato[4]. As deusas-mães africanas passaram ao nosso folclore, unindo-se às crenças populares, ao paganismo superstite do catolicismo degradado das massas atrasadas.

Do mesmo modo que as deusas-mães chegaram ao Brasil por intermédio de Iemanjá; também os orixás fálicos, os deuses heróis aqui se implantaram através de Xangô.

É preciso fazer um esclarecimento inicial. Xangô é um orixá ou santo fetichista que os negros iorubanos transportaram para o Bra-

---
4 Vide Arthur Ramos, *op. cit.*, pp. 215 ss.

sil, entre outros orixás de sua religião. Por extensão, Xangô, em alguns Estados (Alagoas, Pernambuco...), passou a designar o local das cerimônias fetichistas. Isto é um fenômeno comum de translação semântica. *Macumba*, primitivo instrumento musical, e *macumba*, centro de feitiçaria. *Candomblé*, termo onomatopaico (variante: *candombe*, usado no Prata), e *candomblé*, centro ou "terreiro" fetichista. Poderíamos multiplicar os exemplos. Mas Xangô deveria ser um santo ou orixá muito importante para, em significação translata, se tornar sinônimo da própria religião fetichista. É o que veremos, na análise dos seus motivos míticos nas terras de origem.

Xangô é orixá dos raios e dos trovões. Chamado na África ocidental, na Costa dos Escravos, Xangô-Dzakuta ou Jacuta, o lançador de pedras, é um dos orixás mais temidos e respeitados (A. B. Ellis, Burton, Tylor e, mais recentemente: Frobenius). Identificado nos candomblés da Bahia (Nina Rodrigues, 1900; Manuel Querino, 1916; Arthur Ramos, 1930) e nas macumbas do Rio de Janeiro (vários pesquisadores). O seu *fetiche* é a "pedra do raio" (meteorito), as suas cores simbólicas são o branco e o vermelho. Festejam-no às quartas-feiras, nos candomblés. O seu culto tende, no Brasil, a ultrapassar, em importância, o de outros orixás, em discordância do que acontecia na África.

De fato, há outros orixás que lhe estão acima na seriação mítica iorubana, como vimos. Olorum, esquecido hoje no Brasil; Orixalá ou Obatalá que passou a ser Oxalá (sincretismo com o Senhor do Bonfim, na Bahia). Mas o contingente de temor e mistério de Xangô avassalou tudo e emprestou ao seu culto uma significação toda especial, no Brasil. No Brasil e em Cuba, de acordo com o testemunho de Fernando Ortiz. Qual a causa desta extensão e importância do culto de Xangô na América? Ortiz julgou responder a essa questão quando escreveu no seu *Los negros brujos*[5]:

---

5 F. Ortiz, *Los negros brujos*, Havana, 1906, p. 132.

sem dúvida, sua ação sobre o raio, pelo seu efeito destruidor, como pelo resplendor que o acompanha e o ruído que se segue, estrondoso nas regiões intertropicais, fez estender seu culto mais do que o dos deuses benéficos, ainda os mais poderosos.

Essa explicação não deve, porém, contentar o psicólogo.

A razão invocada por Ortiz é justa até certo ponto. No começo, está o temor: *primus in orbe deus fecit timor*. Mas o prestígio de Xangô reside nos motivos míticos que o inconsciente coletivo guardou, nas transformações do fetichismo iorubano em *habitat* brasileiro. Xangô é a personagem central de vários mitos heróicos dos iorubanos. Estes foram esquecidos no Brasil, mas o poder dinamogênico ficou. O herói, nos mitos e nas religiões, tende sempre a se superpor ao deus ou aos deuses primitivos, imagens do Pai. Xangô é o Siegfried das macumbas brasileiras. Herói lendário, mítico, evemerizado. Vamos acompanhar os seus mitos primitivos através das descrições de Ellis, Burton e Frobenius[6], e a degradação ulterior, no Brasil.

Uma destas versões míticas conta ter sido Xangô o segundo filho de Iemanjá, saído diretamente do corpo desta. Outra versão o dá como filho de Obatalá, havendo-se casado com suas três irmãs: Oiá, Oxum e Obá. Algumas lendas narram que certo dia obteve Xangô de seu pai um poderoso encanto, provando-o e dando-o a comer à sua mulher Oiá. No dia seguinte, quando Xangô começou a falar perante os chefes reunidos em palácio, começaram a brotar chamas de sua boca, semeando o terror em todos, que fugiram aterrorizados. Xangô, convencido de que era um deus, chamou as suas três mulheres e bateu com o pé no solo, que se abriu para recebê-los. Desde então, elevou-se à categoria de orixá.

Variante do mito precedente: Oiá rouba ao marido o "encanto", mas Xangô persegue a esposa que se oculta em casa do pescador

---
6 Ellis, *op. cit.*, e Leo Frobenius, *Kulturgeschichte Afrikas*, Zurique, 1933, pp. 275-9.

Huixi e pede a este para defendê-la, dando-lhe a comer do encanto mágico. Com a aproximação de Xangô, travam um terrível combate, sendo Xangô vencido e desaparecendo nas entranhas da terra.

Segundo a versão de outro mito iorubano, Xangô era rei de Oió, capital de Ioruba, mas tornou-se tão cruel e tirano, que o povo não pôde mais suportá-lo e o intimou a abandonar o palácio com suas mulheres. Xangô desafiou a opinião pública, mas foi derrotado e fugiu de noite para Tapa, a terra de sua mãe, acompanhado de uma de suas mulheres. A esposa, porém, abandonou-o e ele se viu apenas com um escravo, no meio de uma terrível floresta. Aí, iludindo a vigilância do escravo, enforcou-se num galho de árvore. A notícia trágica logo chegou a Oió e os chefes correram à procura do cadáver. Não mais o encontraram, porém. Xangô havia desaparecido nas entranhas da terra, de onde ouviram a sua voz soturna. Os chefes erigiram, então, um templo neste lugar e voltaram, exclamando: "Xangô não morreu; ele tornou-se um orixá!". Como muitos não acreditassem nestas palavras, Xangô se pôs em violenta cólera, ameaçando a cidade com raios e tempestades.

Esses mitos iorubanos de Xangô foram deturpados, no Brasil. Degradaram-se a mais e mais. Ficou, porém, no inconsciente coletivo dos negros brasileiros, a força oculta do extraordinário dinamismo mítico. Xangô, todo-poderoso, ora é filho dos deuses, ora é uma grande personagem. O seu prestígio é inconteste. Assimilou rapidamente outros orixás que, na África, estavam em igualdade de condições, nas cerimônias do culto ou na seriação mítica. O seu nome passou a designar a própria religião iorubana. Candomblé, macumba, xangô...

Não consegui colher, no Brasil, nenhum fragmento mítico de Xangô. Mas João do Rio, em 1904, registrou uma lenda que ouviu da boca de velhos africanos e negros crioulos do Rio de Janeiro, e que já transcrevi no livro *O negro brasileiro*.

Encontramos por último, no sincretismo religioso, a prova dos motivos heróicos de Xangô. No Rio de Janeiro, os negros assimilaram-no a São Miguel, santo lendário dos católicos. E Ogum, que se lhe pode comparar no culto iorubano, fundiu-se a Santo Antônio e São Jorge, também santos heróis do hagiológio cristão. Xangô passou ao folclore brasileiro. Transpôs o círculo baiano do culto iorubano e avassalou os próprios terreiros bantu-fetichistas. O seu poder de absorção foi enorme. No Brasil, Xangô não é só hoje um orixá iorubano. É um termo geral, incorporado ao patrimônio da língua e à larga esteira do nosso folclore. Xangô é um orixá; é o próprio lugar das cerimônias fetichistas ou o fetichismo negro-brasileiro, *tout court*; é uma entidade fundamental escondida dentro do nosso inconsciente folclórico.

Entre os orixás fálicos de mais prestígio entre os afro-baianos figuram as entidades malfazejas filiadas à série Exu-Leba-Xapanã dos gege-iorubanos, e aos espíritos maus, Zumbi-Cariapemba, dos afro-bantus.

Antes, porém, de nos referirmos a eles, convém insistir que a mítica bantu, ao contrário da dos povos sudaneses, é paupérrima e pouca influência desempenhou no Brasil. Apenas identificamos, nas macumbas, certas entidades que foram logo englobadas pelos orixás gege-iorubanos, como já demonstramos no estudo sobre o sincretismo religioso de *O negro brasileiro*. Alguns passaram ao folclore: Zâmbi (não confundir com Zumbi) e Zambiampungu, o deus maior, ou o grande antepassado, ainda sobrevivente nos versos das macumbas e em certos autos afro-brasileiros, do ciclo das congadas, como veremos depois; Calunga, primitivamente o mar e depois, por translação semântica, confundido com o seu fetiche ou iteque, uma figurinha de madeira, representando pequeno boneco; e a série de espíritos familiares, ainda evocados nas macumbas de procedência bantu, inteiramente fusionados com as práticas do espiritismo, como já tivemos ocasião de demonstrar. Justamente o que caracteriza a mítica religiosa dos bantus é a existência de espíritos familiares descendentes do "grande antepassado", entidade misteriosa, extratemporal, pertencente ao "tempo onde não havia ainda tempo", na expressão do primitivo[7], mas no qual reconhecemos a imagem do Urvater, do Pai primitivo, de onde a humanidade teria provindo, para eles.

Sobre os espíritos, deuses ou entidades maléficas hoje cultuadas como tais no Brasil, um curioso fenômeno deve ser observado. Estas entidades, na África, eram primitivamente deuses como os outros, com o seu misto de respeito e temor. Sabemos, aliás, que nas velhas mitologias deuses e demônios são desdobramentos posteriores de uma mesma e única divindade. O *daeva* (demônio) do Avesta corresponde ao sânscrito *deva*, deus, como demonstrou Otto Rank. Mas, no início, o primitivo não faz estas distinções, só advindas pelo trabalho de recalcamento da censura. São as tendências inconscientes do indivíduo que, recalcadas, geram os *demônios* que não são mais do que projeções dessas mesmas tendências[8]. Exu, Leba, por exemplo, divindades gege-iorubanas, identificaram-se ao diabo, no Brasil. Esse trabalho de identificação já fora facilitado pela obra do folclore cristão europeu, mediterrâneo, com a sua série de entidades malfazejas, espíritos maus e demônios, herança da demonologia medieval.

De fato, há um culto popular ao diabo, no catolicismo de sobrevivências pagãs, das nossas populações. O diabo (belzebu, demônio, lusbel, satã, lúcifer, asmodeu, satanás, dos cristãos, alguns de longínquas descendências assírias e babilônicas) tomou nomes populares na boca do povo. Pereira da Costa[9] registrou os seguintes nomes: Arrenegado, Cafute, Cafutinho, Cão, Capataz, Capeta, Demo, Droga, Excomungado, Ferrabrás, Fúria, Fute, Inimigo, Maldito, Mofino, Não-sei-que-diga, Pé-de-pato, Tição, Tinhoso, Tisnado, Sujo, Diacho.

O negro africano encontrou essa demonolatria preparada no Brasil. E os seus orixás fálicos mais temidos identificaram-se com o

---

7 Vide Lévy-Bruhl, *La mythologie primitive*, Alcan, 1935, p. 5.
8 Para mais desenvolvimento, vide Arthur Ramos, *op. cit.*, p. 246.
9 Pereira da Costa, *Folclore pernambucano*, Revista do Instituto Geográfico e Histórico Brasileiro, t. LXX, 1907, parte II, p. 74.

diabo dos católicos. Exu dos iorubanos. Leba (Elegbará) dos geges. Zumbi e Cariapemba dos angola-congueses (aliás, Zumbi e Cazumbi, mais propriamente "espíritos maus"). Essa aproximação ainda foi facilitada pela série de entidades ameríndias malfazejas, já incorporadas ao nosso folclore: Jurupari, Anhangá, Caipora, etc. A influência de Exu-Leba foi e é enorme no Brasil. Não só pelo poder primitivo que nos protocultos africanos se lhe atribuía, como pela sua identificação com o diabo católico. Ainda hoje, as negras baianas invocam Exu e Senhor Leba, a qualquer propósito. Benzem-se ao ouvirem o nome de Exu, do mesmo modo que o do diabo. Nas expressões, no linguajar popular, esses termos passaram ao folclore. Para exemplo, basta citar o caso de um antigo político no Estado de Alagoas que tomou o nome popular de Leba. Ora, o chefe desse partido freqüentava xangôs do Estado onde era figura proeminente. Nesses xangôs, um dos orixás mais temidos e respeitados era Leba. Eis o testemunho de um jornal da época[10]:

> Bruxaria – Tínhamos já aberto um parêntesis nessa história de *Bruxaria*, fielmente narrada aos amáveis leitores do *Jornal* em três edições sucessivas. Precisávamos colher umas informações que julgamos de suma importância e o silêncio sobre as nossas atuais "cavações" se impunha.
> Manobrávamos com o máximo cuidado para que não se perdesse a ponta da meada que tínhamos à vista. Mas a estrepitosa entrada de Exu, o Leba formidável e terrorista pela porta de nossas oficinas, ontem pela manhã, como que corrido pelo clamor do público contra as suas ignívomas façanhas, tirou-nos do silêncio em que agíamos, para dedicar uns cinco minutos ao herói lusbeliano, retirado do seu nicho hermeticamente fechado e cheio de pontas de pregos.
> Foi um verdadeiro milagre – sinal de que terminou no fundo do Atlântico a oligarquia corrutora dos xangôs, como a outra corrompida, no fundo de um carro da Great Western.

---
10 *Jornal de Alagoas*, 10 de fevereiro de 1912.

Leba ou Exu é o deus do mal, e como os seus pares Ogum, Xangô, Abaluaiê, Oxalá e tantos da crendice africana, está hoje preso e bem preso; estes tendo por moradia os salões da Perseverança[11] e aquele a espiar pela janela do *Jornal* os "malvados" que passam pela rua com ar de escárnio para a sua indiferença de bloco modelado em barro e cimento.

Junto ao caixão de querosene, arvorado em altar de Leba, ouvimos uma vítima das feitiçarias destes pretos que, protegidos pela polícia do sr. E...[12] e por este próprio, cometiam impunemente os mais hediondos crimes, quer no que dizia respeito à vida e à liberdade do indivíduo, quer no respeito e honra de mocinhas fracas e inexperientes.

Foi a preta Felismina Maria da Conceição que, vinda de Anadia há quatro anos, teve aqui a infelicidade de perder dois filhos, Antônio Firmino e Manuel Firmino, enfeitiçados pelo xangô, os quais faleceram, entre sofrimentos atrozes, depois de umas beberagens que lhes deram Manuel da Lolô e Honorata de Tal, que trabalhavam para os lados do Asilo de Santa Leopoldina.

Cariapemba, de origem angola-conguesa, também identificou-se ao diabo. Era um demônio terrível que perseguia os escravos e, às vezes, penetrava nos seus corpos. Verdadeira possessão demoníaca. Como lembra Pereira da Costa[13], a este fenômeno de possessão chamavam os escravos *mutu guá Cariapemba*.

Esses fragmentos míticos de velhas mitologias africanas passaram ao folclore brasileiro. E nós assistimos aqui a uma conhecida

---

11 Os fetiches referidos pelo "Jornal" e demais objetos colhidos em Maceió, nas batidas policiais de 1912, ainda hoje se encontram amontoados num dos porões da Sociedade Perseverança e Auxílio dos Empregados do Comércio, de Maceió. Numa visita recente que ali fiz, dirigi um apelo aos responsáveis por aquela instituição, no sentido de serem aqueles interessantes fetiches confiados a um especialista dos assuntos afro-brasileiros para a sua indispensável catalogação. Os jornais secundaram o meu pedido sem que, entretanto, até hoje, fosse satisfeito, não obstante o empenho e o interesse que me revelaram, pessoalmente, os responsáveis por aquela tradicional casa.
OBS.: Os fetiches mencionados nesta nota encontram-se hoje no Instituto Histórico de Alagoas, onde vêm sendo classificados pelos drs. Abelardo Duarte e Teo Brandão (N. da R.).

12 O jornal refere-se ao chefe político de então, o que vem mostrar a dupla deturpação que sofreram os cultos africanos no Brasil, como já tenho tido ocasião de demonstrar: – a sua utilização interessada para fins inconfessáveis (sexual, econômico, político...) e a repressão desabusada culminando nas batidas policiais... Esta mudança de significação – de *fetichismo* – em *feitiçaria* – é, em última análise, obra dos "brancos"... O caso de Alagoas é típico.

13 Pereira da Costa, *loc. cit.*, p. 71.

lei, na formação do folclore, isto é, a passagem do mito primitivo, que exprimia os fenômenos naturais, ao mito heróico, à fábula e, por fim, aos contos populares e demais formas do folclore sobrevivente. Os grandes mitos primitivos são esquecidos e, em seu lugar, sobrevivem os heróis, deuses evemerizados, ou entidades familiares que entretêm com os homens, na imaginativa popular, relações estreitas, de caráter privado e mágico. É o que vemos no paganismo supérstite do catolicismo popular. Os velhos mitos pagãos – orientais e mediterrâneos – degradam-se, fragmentam-se, e do seu bojo surgem os heróis. São os santos do hagiológio cristão, facilitados pelo aspecto aparentemente politeísta do culto católico. A mesma coisa acontece com os negros. Do velho conteúdo de sua mítica, escapam-se entidades heróicas, como Xangô, maternais como Iemanjá (à semelhança das deusas-mães das velhas mitologias, sobreviventes no catolicismo) e fálicas, malfazejas, como Exu. Todas essas entidades passaram ao folclore brasileiro e mantêm contato estreito com a imaginação popular, contato mágico e algo "familiar", pois sobrevivem como símbolos de "complexos" individuais.

As leis da formação das legendas, de que Van Gennep nos traçou um tão claro resumo[14], relativas à localização temporal, transposição espacial, convergência, dissociação de temas, etc., serão completadas, a meu ver, com a explicação psicanalítica. O caráter de universalidade de certos temas míticos, a sobrevivência de motivos básicos, na sucessão temporal, a convergência e dissociação desses temas ao contato com outras culturas... acham-se ligados aos grandes complexos primitivos que acionam a vida do grupo.

A escola culturalista, a uma análise apressada, parece estar em contradição com a psicanalítica, quando pretende mostrar que culturas diversas não poderiam estar ligadas aos mesmos "complexos" que a psicanálise quis enxergar nos mitos e na vida social dos povos. Não reproduziremos as críticas do padre Schmidt, por exem-

---
14 Vide A. van Gennep, *La formation des légendes*, Paris, 1920, pp. 277 ss.

plo, cuja obra magistral se acha de certo modo prejudicada pelo seu tom apologético e intolerante[15].

Entre os próprios culturalistas não há acordo sobre a gênese dos mitos e das religiões e muito menos sobre esse tema, tão caro a Schmidt, o dos *grandes deuses primitivos*. Na própria obra deste último autor vamos encontrar os motivos destas divergências[16].

Mais interessantes são as restrições opostas por Malinowski sobre a concepção psicanalítica dos mitos. Sem negar a existência de complexos familiares na gênese e formação dos grandes mitos primitivos, interroga-se Malinowski até que ponto o complexo da sociedade do tipo maternal difere do complexo de Édipo que ele considera típico das culturas patriarcais. Assim é que no folclore melanésio, por exemplo, que reflete o complexo da sociedade matriarcal, mostra Malinowski que é o ódio recalcado tendo por objeto o tio materno que aparece como o complexo dominante nos mitos, nos contos populares, nas legendas[17]. A base da concepção malinowskiana está em que o complexo nuclear de família varia de uma comunidade a outra, em relação com a estrutura familiar correspondente.

Jones, o conhecido psicanalista inglês, criticou as concepções de Malinowski, achando que as conclusões deste autor eram exatas do ponto de vista "descritivo", mas que esses complexos nada mais eram do que desvios, disfarces, formações secundárias do mesmo complexo básico, o Édipo[18]. Seja como for, as idéias de Malinowski vieram provar a existência desses complexos familiares nas diferentes formas de cultura. Não há, pois, antagonismo fundamental entre os culturalistas e os psicanalistas. Apenas os primeiros se colocam no plano descritivo e falham quando passam à interpretação

---
15 Para a crítica a Freud: Schmidt, *Manual de historia comparada de las religiones*, trad. esp., 1932, pp. 127-30.
16 A propósito das idéias de W. Foy, B. Ankermann, Fed. Graebner, *op. cit.*, pp. 257-66.
17 E. Malinowski, *La sexualité et sa répression dans les sociétés primitives*, trad. franc., Paris, 1932, p. 75.
18 Vide E. Jones, *Mother Right and the Sexual Ignorance of Savages*, Int. J. of PsA., 1925.

genética, que é a grande obra da psicanálise, em hipóteses que ainda não foram destruídas em seus fundamentos.

Nós vemos hoje culturalistas-psicanalistas como Rivers, de Cambridge, para não falar na multidão de trabalhos recentes que mostram a aproximação da antropologia cultural com a psicanálise[19]. As culturas diferentes exprimem formações reacionais secundárias, do mesmo modo que, na psicologia individual, a caracterologia vem provando a formação de fachadas reacionais específicas.

É com esse critério de observação que devemos assistir à interpretação de culturas diversas no Brasil, estudar os tipos de sociedades de onde provêm, através das instituições, das suas religiões, do seu folclore...

Os mitos africanos no Brasil adaptaram-se ao tipo de sociedade aqui encontrado. Deformaram-se, conservando embora os elementos dinâmico-emocionais de origem, expressões de complexos primitivos, cuja análise já iniciamos em O negro brasileiro. Fragmentaram-se e passaram ao folclore. O folclore é uma sobrevivência emocional. É a conservação de elementos pré-lógicos que persistem no esforço das culturas pela sua afirmação conceitual. Uma civilização puramente "lógica", despida de ritmo mítico-emocional, é inconcebível. Há uma persistência de elementos pré-lógicos[20] que imprimem uma "coloração" específica às várias formas de cultura. É o caso ainda do folclore negro no Brasil, no referente às sobrevivências mágico-religiosas.

O vasto capítulo das superstições do folclore de todos os povos é constituído de um conjunto de práticas mágicas, crendices, abu-

---
[19] Os trabalhos recentes de E. Sapir, por exemplo, mostram a articulação do indivíduo com a cultura, considerada como um todo. Ao resultado configurado de tais articulações chama Sapir "*the individual sub-culture*" (E. Sapir, "Cultural Anthropology and Psychiatry", *Journal of Abnormal and Social Psychology*, 1932, n.º 3). Esta correlação entre a "*individual sub-culture*" e a "*total culture*" deve ser aproximada da correlação entre o Ego e o Ego-ideal, da concepção freudiana, como acentua M. E. Opler ("The psycho-analytic treatment of culture", *The PsA. Review*, 1935, n.º 2, p. 157).
[20] No sentido de Lévy-Bruhl, *Les fonctions mentales dans les sociétés inférieures*, Paris, 1922, pp. 425 ss.

sões... de diversas origens. Uma destas origens é explicada pela lei da interpenetração de duas ou mais religiões diferentes. Quando uma religião, considerada superior, tende a suplantar outra, os elementos desta não desaparecem. Escondem-se, tornam-se privados e esotéricos. Ficam como elementos supérstites, no meio da mítica e do ritual da nova que suplanta a primeira.

Nas religiões dos povos antigos, podemos bem acompanhar o trabalho realizado pelo encontro de duas ou mais religiões, pela substituição dos deuses nacionais pelos deuses das religiões invasoras. Reik[21] mostrou que a fusão das religiões da tribo com a vitória dos novos deuses se dava de três modos: a) pelo trabalho do sincretismo, com a assimilação das divindades de uma às da outra religião; b) pelo rebaixamento dos antigos deuses às categorias de heróis, espíritos auxiliares ou servos dos novos deuses; c) pela degradação definitiva dos antigos deuses à classe dos anjos maus ou demônios.

No ritual aconteceu a mesma coisa. O que era uma prática natural da religião passou a ser considerado ritual privado, esotérico, perseguido pelos adeptos da nova religião imposta[22]. Assim surgiram as seitas ocultas que, desde a antiguidade aos nossos dias, evidenciam o trabalho do recalcamento operado pelas novas religiões que se dizem ao serviço da cultura.

Por esta mesma razão, nenhuma religião subsiste em estado puro. Ao lado do seu triunfo aparente, há elementos subterrâneos, supérstites, de velhas crenças e de velhos ritos. Estabelecem-se deste modo as lutas entre o legítimo culto e as práticas antigas, agora consideradas heréticas e privadas.

Esta oposição fundamental, base das lutas religiosas, surge com mais evidência entre o cristianismo e as velhas crenças pagãs. Os

---

21 Th. Reik, *Der eigene und der fremde Gott. Zur Psychanalyse der religiösen Entwicklung*, Imago-Bücher, n.º III.
22 Estão neste caso as "religiões de mistério" nos antigos cultos órficos, mistérios de Eleusis, festas de Adônis e de Ísis, mistérios de Mitkra, os Essênios, o mistério Pauliniano, etc. Vide Richard Kreglinger, *L'évolution religieuse de l'humanité*, Paris, 1926, pp. 114 ss.; Lucien Roure, *La légende des "Grands Initiés"*, Paris, 1926. As "religiões de mistério" explicam assim a gênese dos cultos chamados "esotéricos".

eruditos da história das religiões têm esgotado toda uma bibliografia sobre o assunto. Vemos aqui o método histórico-cultural insuficiente para explicar o fenômeno da fusão das religiões pela simples interpenetração de culturas diversas. Há fatores psicológicos muito profundos que estão na base, na estrutura deste trabalho. Apenas nos povos mais primitivos encontramos relativa pureza nas suas concepções míticas e religiosas. Quando intervém a interpenetração cultural, um trabalho psicológico subterrâneo, de extraordinária importância, começa a se processar. Acontece na psique coletiva o mesmo que na psique individual. Os velhos elementos não desaparecem. São recalcados e incrustam-se no inconsciente coletivo. Tornam-se privados. E entremostram-se como *sobrevivências* ou *superstições*.

Não existe nenhuma aglomeração cristã, entre os povos mais civilizados, que mantenha a religião e o culto em sua pureza. Claro que não me refiro ao indivíduo – ao teólogo, ao asceta, ao puritano, ao praticante cristão. Refiro-me à comunidade, ao povo. Pois bem. Não há cristianismo puro nos povos de civilização cristã. No bojo da sua religião, vieram arrastados os elementos do antigo paganismo greco-romano e oriental e do fetichismo dos povos primitivos. Do helenismo e principalmente das "religiões de mistério" do mundo greco-romano, o cristianismo trouxe para a civilização ocidental uma grande cópia desses elementos. Estas relações já têm sido desvendadas. Principalmente com os mistérios órficos. Nos primeiros tempos do cristianismo, quase não havia distinção, no mundo romano, entre as doutrinas de Cristo e os mistérios de Orfeu. A arte e a imaginação popular, nas legendas, conservaram a memória inconsciente desta aproximação[23].

O cristianismo, entre as classes populares, só conseguiu impor-se tornando-se um politeísmo disfarçado, herança do paganismo. As suas práticas rituais, também, revelam curiosos ritos "supersti-

---

23 Vide, para um estudo do orfismo, Erwin Rhode, *Psyché*, Paris, 1928, pp. 348 ss. Para as relações entre o orfismo e o cristianismo, André Boulanger, *Orphée*, Paris, 1925 (bibliografia à p. 9).

ciosos", pagãos, animistas, ligados a antigas crenças mitológicas e mágico-fetichistas. É por isso que os folcloristas, como Sébillot[24], falam num "paganismo supérstite" entre os povos civilizados, e que constitui justamente o imenso material do que ele chama "etnografia tradicional".

Teófilo Braga[25] e Leite de Vasconcelos[26], entre outros, mostraram as sobrevivências pagãs no catolicismo popular português, com velhos elementos das religiões *chtonianas*, avéstica e védica e do paganismo greco-romano. As religiões proto-históricas da Lusitânia impregnaram desta forma o catolicismo, num trabalho de *paganização* popular. Ora, foi este catolicismo popular o introduzido no Brasil e logo amalgamado às religiões naturais do ameríndio, aqui encontradas. Veio o negro e completou este trabalho de sincretismo, que já estudamos em *O negro brasileiro*.

As religiões e as práticas mágicas do africano introduzido em terras da América, pelo tráfico de escravos, assimilaram de maneira definitiva não só as religiões "brancas" como os próprios hábitos da vida familiar e social, tornando-se *sobrevivências*.

Na América Central e na América do Norte, esta influência é notória[27]. Em Cuba o culto iorubano, no Taiti* e na América do Norte o culto vodu, deixaram de ser simples práticas religiosas, para invadirem, de maneira insidiosa, todos os aspectos da vida social.

No Brasil, três modalidades principais das religiões africanas foram introduzidas e aqui amalgamadas posteriormente em sucessivos sincretismos.

---

24 P. Sébillot, *Le paganisme contemporain chez les peuples celtolatins* e *Le folk-lore*, Paris, 1913. Para o estudo do folclore cristão e bíblico, vide as obras de P. Saintyves: *Les Vierges-Mères et les naissances miraculeuses*, Paris, 1904; *Les saints successeurs des dieux*, Paris, 1907; *Les reliques et les images légendaires*, Paris, 1912; *Essais de folk-lore biblique*, Paris, 1932; *En marge de la légende dorée*, Paris, 1930.
25 T. Braga, *As lendas cristãs*, Porto, 1892.
26 Leite de Vasconcelos, *Religiões da Lusitânia*, 3 v.
27 Vide Arthur Ramos, *O negro brasileiro*, passim. Sobre as religiões do negro norte-americano, id., *O Espelho*, n.º 4, Rio de Janeiro, julho de 1935.
* Nota da 3ª edição: o autor aqui deve estar se referindo a Haiti.

I) Religiões sudanesas: fetichismo gege-nagô (englobando os mais).
II) Religiões sudanesas: culto malê.
III) Religiões bantus: fetichismo angola-conguês.

Recalcado pelas religiões dos povos dominantes, o fetichismo africano sofreu um duplo trabalho de distorção: fundiu-se a estas religiões (sincretismo com o catolicismo, com o espiritismo), ou tornou-se um culto privado, perseguido. E assim vemos o *fetichismo*, religião natural, tornar-se *feitiçaria*, isto é, culto esotérico, de efeitos maléficos que lhe foram atribuídos pelos "brancos". Mais uma religião de "mistério", de acordo com aquele processo psicológico a que nos referimos.

As *superstições*, no Brasil, reconhecem, pois, várias origens: elementos pagãos do catolicismo popular lusitano, sobrevivências religiosas ameríndias e africanas. Estas últimas, intimamente fusionadas às práticas do catolicismo popular, impregnaram de modo mais decisivo a vida familiar e social. Os viajantes estrangeiros do período colonial observaram esta *distorção* sofrida pelo catolicismo no Brasil, em todos os seus aspectos. Não voltarei ao assunto, já lhe tendo dedicado todo um capítulo em *O negro brasileiro*. Assim também a série dos *feitiços*: o *despacho* ou *ebó*, a *coisa-feita*, a *troca-de-cabeça*, o *efifá*, o *mantucá*, *o xuxu-guruxu*, os *ritos funerários*, o *curandeirismo*...[28]

É difícil, hoje, no folclore brasileiro, identificar exatamente o que pertence exclusivamente ao africano. As práticas supersticiosas acham-se num tal estado de fusão que esse trabalho discriminativo vai se tornando de quase impossível realização. Nas aglomerações negras de alguns pontos do Brasil, isso o conseguimos, já tendo publicado o resultado destas investigações. No geral, porém, as práticas mágico-religiosas do africano incorporaram-se à larga esteira do folclore. "Folclore negro" do Brasil é uma expressão provisória, que o trabalho dos séculos apagará. Há "elementos negros"

---

28 *Id.*, *O negro brasileiro*, pp. 138 ss.

do folclore brasileiro, hoje, ainda identificáveis, a ponto de podermos falar ainda em *folclore negro*. Depois, não. Tudo isso será legítimo patrimônio folclórico, como as *superstições* das religiões européias. E o pesquisador do futuro fará legítimo trabalho de exegese pré-histórica quando conseguir descobrir numa superstição popular, numa forma de culto, numa instituição social, elementos escondidos, remotos, da mítica, da religião e da magia africanas.

CAPÍTULO II | A sobrevivência histórica: congos e quilombos

Não existem, no Brasil, autos populares típicos de origem exclusivamente negra. Aqueles onde interveio em maior dose o elemento africano obedecem, em última análise, à técnica do desenvolvimento dramático dos antigos autos peninsulares. Quer dizer: o negro adaptou elementos de sobrevivência histórica, e até enredos completos, ao teatro popular que ele já encontrou no Brasil, trazido pelos portugueses.

Tínhamos o exemplo dos jesuítas adaptando autos de sobrevivência medieval — *mistérios, bailes pastoris, martírios* — à obra da catequese, com a feitura de dramas burlescos e trágicos onde intervinham elementos cristãos e ameríndios. O mais característico desses autos, de que se poderá ter uma descrição sucinta na obra de Pereira de Melo[1], é o do *Mistério de Jesus*, onde havia personagens do hagiológio cristão e da história heróica peninsular como São Lourenço, São Sebastião, o Anjo Custódio, Nero, Décio e Valeriano, e entidades copiadas dos mitos ameríndios e sobrevivências totêmicas tais como o Savarana, o Gaixara e Aimbiré, o Pijori e Cupié, o Corvo, o Urubu, a Tataurana, o Gavião, o Cão Grande.

Pastoris e *Villancicos* peninsulares absorveram elementos totêmicos de origem africana e ameríndia, dando lugar aos autos de so-

---
1 Guilherme T. Pereira de Melo, *A música no Brasil*, Bahia, 1908, pp. 25 ss.

brevivência totêmica que estudaremos no capítulo a seguir. Esta separação entre autos populares de sobrevivência puramente histórica e os de sobrevivência totêmica é uma necessidade metodológica a meu ver. Os congos, por exemplo, constituem o caso típico de auto negro de sobrevivência histórica, onde, de início, não se imiscuíram elementos totêmicos. Refiro-me ao drama primitivo, hoje muito alterado, que outra coisa não queria representar do que as antigas lutas das monarquias e reinos africanos entre si e contra o colono invasor. Este mesmo auto primitivo assimilou posteriormente elementos totêmicos e, de um drama essencial, de urdidura narrativa, passou, em sucessivos esfacelamentos, à categoria de passeatas totêmico-carnavalescas, onde o sentido primitivo foi esquecido (maracatus, festas de coroamento dos reis congos e moçambiques, etc.).

Não tivemos, pois, no Brasil, autos populares africanos de origem autônoma que dessem origem a formas eruditas do teatro negro, como nos Estados Unidos. Lá, os dramas populares negros se originaram nos autos sacramentais dos primeiros templos batistas. Eram farsas bíblicas (um pouco ao exemplo dos nossos autos jesuíticos), celebradas nas portas das igrejas, onde havia o indefectível Moisés barbado com as Tábuas da Lei e personagens negras que se instruíam e cantavam coros místicos. As farsas bíblicas do negro norte-americano ampliaram posteriormente o seu âmbito de ação. Deixaram os templos batistas e emigraram para a rua livre, constituindo um típico *"théâtre de la rue"*, à moda parisiense do século XIII. O velho Moisés transformou-se então em *Uncle Remus*[2] que conta, em *slang* negro, instrutivas e curiosas histórias aos seus sobrinhos. São legendas dos velhos campos de algodão, canções, histórias religiosas e fábulas que passaram ao folclore norte-americano.

---

2 Joel Chandler Harris, *Uncle Remus or M. Fox, Mr. Rabbit, and Mr. Terrapin*, The World's Classics, 1930.

A *linha de cor*, na América do Norte, muito mais definida e odiosa do que no Brasil, produziu uma revolta maior, revolta que apenas encontrou uma válvula nos cânticos e autos religiosos, nos *spirituals* e nas farsas batistas, de onde brotou essa criação típica que é o teatro negro norte-americano, com os seus estilizadores contemporâneos da marca de Eugene O'Neill, Mare Connelly, Herbert Powell, Lewis C. Fees e outros[3].

No Brasil, os negros copiaram os velhos autos populares trazidos pelos colonizadores, aproveitando-lhes a tessitura para contar a sua própria história. Esses autos peninsulares eram sobrevivências de velhos romances históricos (*Cid, Dom Duardos, Dom Rodrigo...*), marítimos (*Nau Catarineta, Dona Maria...*), mouriscos (*Mouros...*), cavalheirescos e novelescos (*Dona Infanta, Silvana, Dona Ausenda...*). Foram cancioneiros e romanceiros dos séculos XVI e XVII que, unidos ao sobrevivente dos dramas e *mistérios* sacros medievais, originaram essa forma típica do teatro popular português que teve em Gil Vicente o seu principal codificador.

Os negros assimilaram rapidamente os autos peninsulares e trouxeram o seu contingente – símbolo de uma aliança racial oposta à *linha de cor* norte-americana. Há uma quadra dos cucumbis que nos dá um exemplo flagrante dessa aliança simbólica:

> Viva nosso rei,
> Preto de Benguela
> Que casou a princesa,
> C'o infante de Castela.

Os autos populares dos congos (ou cucumbis, na Bahia) vêm do início do século XVII, e nada mais eram do que sobrevivências da coroação de monarcas africanos nas terras de origem. Pereira da Costa data a mais remota notícia destes festejos, de 24 de junho de

---

3 Vide *Teatro burlesco de los negros*, trad. esp. de Horácio de Castro, Madri, 1932.

1706, segundo documento da irmandade de Nossa Senhora do Rosário, da vila de Iguaraçu, em Pernambuco. "Nos moldes da monarquia portuguesa – escreveu aquele autor[4] – compunha-se de rei, rainha, secretário de Estado, mestre-de-campo, arautos, damas de honor e açafates; e um serviço militar com marechais, brigadeiros, coronéis e todos os demais postos do exército. Eram usuais os tratamentos de Majestade, Excelência e Senhoria.

"Entre a sua gente gozavam do tratamento de Dom e possuíam ascendência política, recebendo das autoridades públicas apoio e reconhecimento garantidor das suas regalias.

"Cada cabeça de comarca ou distrito paroquial tinha o seu rei e rainha com o competente cortejo e, procedida a eleição, a coroação e a posse tinham lugar no dia da festa de Nossa Senhora do Rosário, impondo a coroa o paróco da freguesia. E era pretexto para lautas mesas e danças à moda africana, no engenho a que pertencia o rei."

Mas isso não constituía propriamente o auto dramático dos congos, muito mais complexo, implicando um enredo de desenvolvimento bastante curioso, e assumindo variadas versões conforme o lugar e o tempo. Devemos a vários pesquisadores a descrição do auto dos congos e da sua leitura, comparada com elementos sobreviventes nos autos nordestinos atuais, podemos recompor o drama nas suas partes essenciais.

As *dramatis personae* mais significativas são o Rei (*reis* ou *emperadô*), a Rainha, o Mameto (príncipe Suena, em algumas versões), o Quimboto (feiticeiro), o Embaixador, o Capataz, príncipes, princesas, guerreiros. O desenvolvimento do brinquedo é o seguinte: a Rainha envia os seus embaixadores à corte do Rei congo. Há várias peripécias no meio das quais surge o Mameto que pede satisfações ao embaixador. Declara-se a luta. Morre o Mameto (em algumas versões é morto por uma entidade ameríndia: o Caboclo, de olho trágico e brandindo um terrível tacape). Mas o Quimboto tem o po-

---

4 Pereira da Costa, "Rei de Congo. Reminiscências histórico-pernambucanas", *Jornal do Brasil*, de 25 de agosto de 1901.

der de ressuscitar o Mameto, fazendo-o com evocações, passes mágicos e cânticos que são respondidos pelo coro. O Mameto ressuscita em meio a uma grande alegria, e o auto termina com danças e cânticos que festejam o acontecimento.

Do auto dos cucumbis (de *cucumbre*, comida usada pelos congos) e que nada mais é do que o mesmo brinquedo dos congos, deu-nos Melo Morais Filho[5] a seguinte descrição que, por nos parecer a mais completa, vale reproduzida na íntegra:

> O baleto divide-se em três partes: a saudação, a matança e as recompensas. O epílogo e a retirada, entre cantigas nossas, do bando negro, à cadência dos movimentos típicos de suas danças nacionais.
>
> Logo que os Cucumbis, armados alguns de arco e flecha, transpõem a porta que se abre para recebê-los, a música e os dançarinos, aos sons de seus instrumentos bárbaros, executam marchas guerreiras e hinos triunfais.
>
> Depois o Rei, com o seu manto de belbutina e sua coroa dourada, adianta-se, a um momento dado, por entre as alas do cortejo, quebrando alternadamente os flancos, ondulando o tronco, com os antebraços em doce flexão, e canta:
>
> > REI
> > Sou rei do Congo,
> > Quero brincar,
> > Cheguei agora
> > De Portugal...
>
> Ao que, em alegres clamores, em tons fortes e acelerados, prorrompe o coro.
>
> > CORO
> > Ê... ê... Sambangolá!
> > Cheguei agora de Portugal.

---

[5] Melo Morais Filho, *Festas e tradições populares do Brasil*, Rio de Janeiro, pp. 159-65.

A cantoria, inseparável da dança, continua, distinguindo-se no meio da vozeria a calorosa saudação:

CORO
    Com licença, auê...
    Com licença, auê!...
Com licença do dono da casa,
    Com licença, auê!

O Capataz, isto é, o Cucumbi que os dirige, marca o ritmo do canto e da dança, sendo ao mesmo tempo dançarino e cantor. Estacando, porém, no centro do grupo, fazendo imponente sinal, todos param, e o silêncio é profundo por instantes.

Então, uma espécie de pasmo apodera-se das figuras, em cuja fronte os cocares não agitam as plumas, e um grito de alerta, como de uma sentinela perdida nas solidões, é desferido por esse personagem bizarro.

CAPATAZ
– Congoxá!...

E os tamborins, os canzás, os pandeiros, os adufes, os chocalhos e os agogôs rodam no ar como uma salva, com um frêmito de tempestade, parando de súbito.

CAPATAZ
– Oh! muqua!...

E os instrumentos, há pouco emudecidos e suspensos, recomeçam as suas harmonias, e com elas uma dança e uns cantos guerreiros, de efeito soberbo e característico.

CAPATAZ
Quenguerê, oia congo do má;
    Gira Calunga,
    Manu quem vem lá.

Coro
> Gira Calunga,
> Manu quem vem lá.

Essas cantigas duram cerca de vinte minutos, com danças iguais, de movimento binário e ternário.

Enquanto os Cucumbis entregam-se a suas festas, e o Mameto executa danças que imitam o cobrejar das serpentes, o salto flexível do jaguar, o balancear dos brigues negreiros nas calmarias do mar, uma tribo inimiga o acomete nos regozijos do festim, e um Caboclo, que faz parte do troço, fere de morte o referido Mameto, causando esse acontecimento estranho alarma.

Os Cucumbis, diante do sangue que escorre da ferida, deixam pender a cabeça e a *matanga* (velório africano) começa, enchendo o espaço de rumores lamentosos, enquanto as danças funerárias exprimem a ação.

Capataz
> Mala quilombé, ó quilombá...
>> Oh Mameto ué!
>
> Mala quilombé, ó quilombá.

O coro repete o estribilho, e o Capataz o verso, com animação crescente, tocando afinal ao desespero.

Confiado o Mameto, filho da rainha, à guarda do chefe dos congos, este sente o peso da alta responsabilidade e compreende-se perdido.

Nessa conjetura, abandonando a sua sorte ao acaso, manda chamar o Língua, expõe-lhe o ocorrido e o expede a comunicar à Rainha o infausto acontecimento.

Esta cena é deveras impressionista e desperta o mais vivo interesse. As músicas, os cantos e os bailados harmonizam-se depois, até que o Língua, embaixador dos negros, dirige-se à Rainha, inclina a fronte, conta-lhe o motivo de sua missão, submisso e pesaroso.

A Rainha, ao ouvi-lo, como que desvaira de dor, interroga-o e, a seu conselho, faz comparecer o feiticeiro que, de joelhos, a escuta consternado.

Este interlocutor traz em volta do pescoço cobras e cadeias de ferro, pende-lhe a tiracolo uma bolsa de búzios fornecida de objetos de efeito mágico, tais como raízes, víboras, resinas, etc.

A Rainha ordena-lhe que faça reviver o seu Mameto, garantindo-lhe ricos presentes e a mais formosa de suas vassalas, que lhe seria cortada a cabeça se os seus feitiços não conseguissem levantá-lo.

À vista da terminante resolução da soberana, o pobre fetichista parte, chega-se para o cadáver e, de rojo, com as mãos postas, olhando inspirado para o céu, implora, cantando lúgubre:

>
> Feiticeiro
> E... Mamaô! E... Mamaô!
> Ganga rumbá, sinderê iacô.
> E... Mamaô! E... Mamaô!
>
> Todos
> Zumbi, matequerê,
> Congo, cucumbi-oiá.
>
> Feiticeiro
> Zumbi, Zumbi, oia Zumbi!
> Oia Mameto muchicongo.
>   Oia papeto.
>
> Coro
> Zumbi, Zumbi, oia Zumbi!

Durante todas essas evocações, o feiticeiro rodeia o corpo da criança, ausculta-o, palpa-o, faz passes mágicos, emprega misteriosos sortilégios, fá-lo aspirar plantas e resinas, estendendo-lhe aos lados pequenas cobras e talismãs de virtudes sobrenaturais.

Apercebendo o mágico e os Cucumbis que o morto pouco a pouco reanima-se, o rancho manifesta-se contente e o Feiticeiro entoa, com a turba que tange seus instrumentos, o seguinte:

> FEITICEIRO
> Quimboto, quimboto,
> Quimboto arara...
>
> CORO
> Savatá, ó Língua, etc.
>
> FEITICEIRO
> Quem pode mais?
>
> CORO
> É o sol e a lua.
>
> FEITICEIRO
> Santo maior?
>
> CORO
> É São Benedito.

Terminando o diálogo, em que as crioulas e os crioulos dançam e descantam com uma originalidade incrível, o Feiticeiro coloca-se aos pés do príncipe, toma-lhe das mãos, ergue-o vagarosamente e canta, como que acordando lentamente do seu êxtase supersticioso:

> FEITICEIRO
> Tatarana, ai auê...
> Tatarana, tuca, tuca
>   Tuca, auê...

Nisso que o Mameto ressuscita, e mais veloz, mais ágil, mais ardente executa prodigiosos dançados, o Feiticeiro fulmina com o olhar o Caboclo, que cai por terra. Devido a novas encantações, este torna a si, busca ainda matar o príncipe dos congos, e uma luta entre as duas tribos empenha-se renhida.

Os contrários são vencidos, seguindo-se à vitória a apresentação do Mameto à Rainha, que o recebe nos braços cumulando o Feiticeiro de dádivas opulentas.

O Rei oferece-lhe a filha em casamento, o que aquele não aceita por ser casado.

> Feiticeiro (dançando e cantando)
> A filha do rei
> É o nosso amor...
>
> Coro
> O filho do rei
> É o nosso protetor.

E a festa começa mais estridente, e os negros cantam:

> Todos
> Em louvor da pureza
> Da Virgem Maria,
> Ela está no céu,
> Na terra nos guia.

Marchas e contramarchas, danças e cantos, ao chocalhar dos pandeiros, às vibrações dos canzás, ao arrufar dos tamborins, anunciam a terminação do baleto:

> Coro
> Maria, rabula, auê...
> Catunga auê...
>
> Capataz
> Adeus, amor,
> Adeus, benzinho.
>
> Todos (retirando-se)
> Na Bahia tem,
>   Tem, tem, tem;
> Na Bahia tem,
> Ó baiana
>   Água de vintém...

Já na versão mais recente de Pereira da Costa[6], colhida em Goiana, a peça começa assim:

> Ó meu sinhô São Lourenço
>   Ai! lê lê
> Aqui tá seu zipretinho
>   Ai! lê lê
> Cantando sua zifé
>   Ai! lê lê
> Isso nos parece guerra
>   Ai! lê lê
>
> Manda prepará-lo arma
>   Ai! lê lê
> Para nosso guerreá
>   Ai! lê lê
>
> Ó meu sinhô São Lourenço
> Vinde nos dá consolação,
> Manda chamá os devotos
> Para nossa procissão
>
> Turu, turu
> Zipretinho,
> Neste reino
> de Congá

E acrescenta logo depois Pereira da Costa:

> Na peça figuram, principalmente, o rei e o seu secretário de saula, que executa as suas ordens, e com quem trava ele vários diálogos, em prosa, ou em verso. Aos chamados do rei responde quase sempre o se-

---

6 Pereira da Costa, "Folclore pernambucano", *Revista do Instituto Histórico e Geográfico Brasileiro*, t. LXX, parte II, 1907, pp. 271 ss.

cretário: – *Senholo, senholo sá* – e, quando se retira do cenário para cumprir as ordens do rei, pede e recebe dele a bênção nestes termos: – *Bênção de Deus, de Zambiapungo qui tiridundê, qui ti caia na cabeça bem dependurada.*

No auto, figuram muitas cenas, com as mesmas peripécias entre reis e embaixadores, sendo para notar as seguintes *jornadas* que Pereira da Costa reproduz como um exemplo de mescla do português com o quimbundo:

> – Turuê, turuê
> Fala capitanga, turuê
> Aio cá, turuê
> Capitanga ouê,
> Aioê, minha gana ouê
>
> – Zambi lê lê, camundê,
> Pruquê tu era congo, jacombê
> Andaraê, andaraê.
>
> – Nosso todo já tá pronto
> Pra cum perna trocá,
> Hoje branco há de ficá,
> Olé, lê lê, ozé,
> De boca pero o á.
>
> – Mãe Maria faz angu,
> Faz angu pra tu cumê
> Ó muleque do angu
> Fala tu que é faladô
> Ufá, ufá pindá
> Quilá quitô
>
> – Mandahirá, mandahirá
> Mandahirá gongari ariô

– Gongá mina
Mina auê
O sará, saraiá
O sará uê

– Muleque tira do caminho,
Uê, minha zifacão,
Cabeça vai no chão.
Lê lê sambaque,
Ó caieta, ô caieta,
Ó mandaruê

– Calunga ê meia ê,
Zambuê
Calunga ê meia ê,
Zambuê.
Nem quaquete nem manuete
Calunga,
Mucamba ê, muquaete

– Quem duvida o sol que nasce,
Com suas luzes tão belas,
Que fazem o claro dia?
Ai ai, ti cumbi,
Quem dança o reale,
O reale pra mim

Na Bahia, os cucumbis foram festejados durante muito tempo, de acordo com as informações de Manuel Querino[7], no Largo da Lapinha, Terreiro de Jesus e Largo do Teatro, sob frondosas cajazeiras que ali vicejavam. As personagens devidamente fantasiadas, uns armados de arco e flecha, capacete, enfeites de penas, outros trajando corpete de fazenda de cor, saieta e cetim ou cambraia,

---
7 Manuel Querino, *A Bahia de outrora*, Bahia, 1922, p. 58.

com enfeites de belbutina azul e listras brancas, traziam *grimas* (pequeno cacete) e instrumentos africanos: pandeiros, canzás, checherés, tamborins, marimbas e pianos de cuia. Começavam a função por uma longa passeata, em cujo trajeto iam cantando:

> Viva nosso rei
> Preto de Benguela
> Que casou a princesa
> C'o infante de Castela

Ao que respondia o coro:

> Dem bom, dem bom
>   jurumaná
> Catulê, cala motuê
>   Condembá

A certa altura, os figurantes paravam, cruzando dois a dois os seus grimas e cantando:

> O bi iaiá, o bi ioiô
> Saravundum, sarami, saradô

O auto propriamente dito começa com o cântico:

> Cum licença auê
> Cum licença auê
> Cum licença de Zambiapongo
> Cum licença auê

O Mameto, de outras versões, que morre e é ressuscitado pelo Quimboto, aqui se transforma no guia que é enfeitiçado por uma indígena.

Surge o Feiticeiro, que canta com ênfase:

Tu caiá gombê
Tu caiá gombê
Chaco, chaco,
Mussuganê

O iaiá calumgambá,
Cui sambambê;
Matê, ô matê ô!
Vida ninguém dá

findos os quais, inicia uma série de passes mágicos para tirar o feitiço ao guia. Este volta a si e levanta-se no meio das maiores expansões de alegria de todos os figurantes.

A versão publicada mais recentemente por Luís Edmundo[8] e reproduzida num trabalho de Samuel Campelo[9] pouca diferença oferece da de Melo Morais Filho.

Já o auto colhido por Gustavo Barroso[10] apresenta uma curiosa deformação, por influência cada vez mais pronunciada dos dramas guerreiros peninsulares e das danças e autos ameríndios sobreviventes nos brinquedos dos caboclinhos e guerreiros. Há ainda, aqui, o mesmo jogo de embaixadores, reis de congos, príncipes, etc., mas o trabalho de sincretismo é tão vasto que quase encobre o *leitmotiv* do auto primitivo. Como alguns destes autos se acham mesclados com outros que contêm elementos totêmicos, reservaremos ao seu estudo o capítulo a seguir.

O auto dos congos exprime inegavelmente uma sobrevivência histórica, de antigas epopéias angola-conguesas, onde podemos identificar os seguintes temas: a) cerimônias de coroamento dos antigos monarcas do Congo; b) lutas destas monarquias, umas

---

8 Luís Edmundo, *O Rio de Janeiro no tempo dos vice-reis*, Rio de Janeiro, 1932, pp. 187-96.
9 Samuel Campelo, *Fizeram os negros teatro no Brasil?* Trabalho apresentado ao I Congresso Afro-brasileiro de Recife, 1934.
10 Gustavo Barroso, *Ao som da viola*, Rio de Janeiro, 1921, pp. 213-55.

contra outras; c) lutas contra o colono invasor; d) episódios históricos vários, com trocas de embaixadas, oráculos de feiticeiros, etc.

Mário de Andrade, num erudito ensaio sobre *Os congos*, fez algumas destas exatas aproximações históricas, aludindo de início ao motivo geral do coroamento dos reis negros, na África, tradição que passou ao Brasil. Esta cerimônia do coroamento de reis negros foi tão difundida no Brasil, que em muitos Estados o que resta do auto dos congos é justamente essa parte da coroação dos reis. "Os reis de congos – escreve Mário de Andrade[11] – se espalharam com abundância, num narcisismo comovente. Houve deles no Maranhão, em todo o Nordeste, na Bahia, no Rio de Janeiro, em São Paulo, em Minas, em Mato Grosso, em Goiás. Existiram nas Antilhas também. Em Cuba, reis e rainhas de congos proliferavam, tanto nos engenhos como nas cidades. Nos Açores esses reinados tiveram uma transposição interessante. A devoção pelo Espírito Santo é enorme nas ilhas, e os escravos de Faial, em vez de se coroarem reis de congos terrestres, se coroaram imperadores do Divino celestial. Impérios e folias do Divino foram e ainda são tradicionais no Brasil; mas não me consta que se tenha entre nós coroado imperadores do Divino a escravos." Voltaremos ao assunto, quando estudarmos os autos de sobrevivência totêmica, visto como o culto dos reis está intimamente ligado a elementos do totemismo. É o ciclo geral dos reisados, muitos dos quais são partes sobreviventes do auto dos congos, outros, porém, de franca procedência sudanesa, principalmente dos geges e dos nagôs.

"Embaixadas" e lutas entre os reinos afro-austrais se tornaram sobrevivências no auto dos congos. Mário de Andrade também se referiu a esse costume histórico das embaixadas negras, como também às rainhas africanas, identificando a rainha Ginga do auto[12].

---
11 Mário de Andrade, *Os congos*, Boletim da Sociedade Filipe d'Oliveira, fev. 1935, p. 38.
12 *Id., ibid.*, pp. 50 ss.

Com efeito. Os historiadores do Congo e de Angola nos contam dessas embaixadas e dessas lutas. Uma simples consulta a qualquer livro sobre a história de Angola[13] esclarece-nos imediatamente sobre a significação do termo "ginga" e das figurações guerreiras existentes no auto dos congos. Ao tempo do descobrimento português, havia no sul do reino do Congo dois outros reinos, o de NDongo e o de Matamba. Em 1558, um bando de povos nômades e ferozes invadiu o Congo e o oeste africano, desde a Guiné até o centro de Angola. Foram os jacas ou majacas, também chamados sumbas e manes, na Guiné, gatas ou galas, na Abissínia, e gingas (o historiador escreve jingas), em Angola. Os invasores tudo destruíram e um dos chefes, NGola Ginga, apossou-se dos dois reinos, de Matamba e do NDongo, doando este ao seu filho, NGola NBandi, cujo nome passou a designar desde então o reino conquistado (NGola: Angola). Era a dinastia dos gingas que se estabelecia em Angola, antigo reino do NDongo, também chamado agora reino do ginga ou dos gingas.

NGola NBandi, o filho de NGola Ginga, foi um rei valente que resistiu por várias vezes a expedições aguerridas dos colonizadores portugueses, contra-atacando-os vitoriosamente.

Em 1618, os vassalos de Ginga NBandi, oitavo rei de Matamba, cansados da tirania do velho rei, revoltaram-se e mataram-no. Assumiu o poder Ngola NBandi, filho do velho Ginga NBandi e de uma escrava (que não deve ser confundido com o primeiro NGola NBandi), mercê da conspiração preparada, e, para consolidar o mando supremo dos reinos de Angola e Matamba, mandou decapitar o irmão, a madrasta e um sobrinho, filho de uma irmã, a que seria a futura rainha ginga, a famosa D. Ana de Sousa. Esta nunca perdoou ao irmão a afronta recebida, embora fingisse havê-lo perdoado e colaborando mesmo como embaixatriz do reino de Matamba, perante os colonizadores. Foi numa dessas embaixadas que

---

13 Vide, p. ex., Francisco Castelbranco, *História de Angola*, Luanda, 1932.

consentiu em ser batizada na religião católica, recebendo o nome de Ana de Sousa (1622).

Mas na primeira oportunidade a católica D. Ana vingou-se do irmão, envenenando-o na pequena ilha do Cuanza, onde se refugiara ele, batido pelos portugueses e completamente abandonado dos seus vassalos.

D. Ana de Sousa foi aclamada soberana. Era o reinado da absoluta e cruel rainha ginga que se iniciava. Apostatou do catolicismo e sustentou contra os reinos vizinhos e o colonizador encarniçadas lutas, que duraram muitos anos[14].

O nome de D. Henrique, que aparece em algumas versões do auto dos congos, é, provavelmente, um dos reis do Congo que tomavam nomes portugueses. Houve mais de um Henrique na história do Congo, sendo o principal D. Henrique, parente próximo de D. Diogo, "o mais faustoso monarca conguês", no testemunho de Serpa Pimentel. Este D. Henrique foi o último da dinastia dos antigos reis do Congo e não deve ser confundido com o outro D. Henrique, muito mais recente, da dinastia dos Águas-rosadas. Quanto ao D. Caro, de outras versões, poder-se-ia supor tratar-se de uma deturpação de D. Carlos.

Creio que existe inteira razão na suposição de Mário de Andrade, quanto à origem do nome de príncipe Suena, existente na versão colhida por ele e por Gustavo Barroso. Possível deturpação do termo *suana*, que o ilustre etnógrafo foi encontrar na citação de um texto oitocentista do major Dias de Carvalho, onde há referência a Suana Mulopo, um representante do Muatiânvua. Apenas acrescento a seguinte explicação do mesmo Dias de Carvalho[15]:

---

14 Nos últimos tempos da rainha ginga, os missionários capuchinhos conseguiram a sua volta ao catolicismo (1657), em cujo seio se manteve até o seu falecimento, em 1680, segundo alguns historiadores, ou em 17 de dezembro de 1663, aos 82 anos de idade, segundo o padre António Caeta. Cf. J. D. Cordeiro da Mata, *Cronologia de Angola* (Castelbranco, *op. cit.*, p. 142).

15 Henrique Augusto Dias de Carvalho, *Etnografia e história tradicional dos povos da Lunda*, Lisboa, 1890, p. 66, nota 2.

Mulopo, muropo, mulupe (mulupué), murúpue (murupué), segundo os dialetos, não é denominação de um povo, mas um título do imediato a um potentado, ou ao senhor de uma família. Esta denominação trouxeram os filhos de Mutombo da Luba para os Estados que constituíram. Entre os lundas adotou-se depois da vinda de Ilunga e por isso se chama Suana Mulopo ao que segue na sucessão, devendo por isso interpretar-se "herdeiro imediato". Alguns interpretam por "príncipe herdeiro", o que não me parece bem porque entre famílias particulares também existe esta entidade, os irmãos mais novos são *mulopos* dos mais velhos na devida ordem.

É daqui certamente que provém o uso dos nossos antigos exploradores e viajantes chamarem ao Estado do Muatiânvua, dos *Murupes* ou *Muropos*; e mesmo chegaram a confundir Muatiânvua com Murópue. O Suana Mulopo é de fato filho do Muatiânvua herdeiro do que está no Estado; mas quando dele toma posse deixa de ser Suana Mulopo para ser Muatiânvua. Como imediato na sucessão de um Muatiânvua é ainda seu quilolo; o que também sucedia no Muata Cazembe, onde essa confusão se deu, pois os exploradores, que fazem a enumeração dos quilolos da Cazembe, citam o Suana Murópue, sobrinho do Muata.

E também a mesma confusão se deu com o Estado dos *Múluas*, quando *múlua* (mulua) é o "portador de notícias, um escudeiro".

A significação de "filho" para o príncipe Suena tem uma comprovação no termo "mameto", onde o radical de filiação *mam* é evidente, no quimbundo[16]. As outras expressões africanas existentes no auto reconhecem franca origem bantu, não obstante a sua progressiva alteração prosódica.

Interpretando o seguimento temático do auto dos congos, Mário de Andrade, no seu já citado trabalho, destaca em primeiro lugar a

---

16 Em Angola, assim cantam os negros, nas construções de canoas (Ladislau Batalha, *Costumes angolenses*, Lisboa, 1890):
        – Ai u eh!
  (Coro) – Mamm'eto, tat, eto, ueh!
        (nosso pai e nossa mãe!)
        – Ai u eh!

significação mística que os africanos concedem aos seus reis, monarcas absolutos. Voltaremos a esse ponto no exame dos autos de sobrevivência totêmica. Refere-se, em seguida, à cena existente em algumas versões, da troca de coroas entre pai e filho, tratando-se, na sua opinião, de uma troca simbólica. "Por essa troca de coroas – escreve o eminente ensaísta[17] –, o filho (e sempre nos casos verdadeiros é um parente do rei legítimo que fica rei temporário e morre pelo outro...), o filho se torna temporário e simbolicamente rei legítimo, e é portanto este que parte pra guerra e morre, na pessoa do filho."

Depois, a luta entre os dois partidos, do rei e da rainha ginga, seria, é ainda Mário de Andrade quem interpreta[18], "uma espécie de luta entre os princípios, não direi do Bem e do Mal, mas do benefício e do malefício, terminando momentaneamente com a vitória do malefício, a rainha ginga. Vitória que seria uma espécie de desforra da treva negra, se aceitando como raça danada, contra o princípio do bem (os brancos), duma religião imposta, que era nada deles, e que a coletividade nunca pôde aceitar na íntegra, em quatro séculos de triunfo, pois o príncipe Suena, filho do rei, acaba ressurgindo. A idéia da ressurreição do princípio que representa o beneficiamento da coletividade é universal, e muito anterior ao Cristianismo. Um fundo forte desse 'elementar Gedanke', dessa magia simpática, persevera em algumas das nossas danças dramáticas populares, nos cocumbis antigos, nos cabocolinhos, no bumba-meu-boi, em que o princípio benéfico, o Mameto, o Matroá, o Boi morrem e renascem outra vez".

É uma explicação exata, em seus dados gerais, e que a psicanálise poderá retomar, desenvolvendo e precisando alguns pontos. Temos, evidentemente, nos congos, uma sobrevivência das lutas do matriarcado, facilitada pelos fatos históricos do Congo e de Angola que ficaram atrás relatados. Vemos no auto o delineamento

---
17 Mário de Andrade, *loc. cit.*, p. 48.
18 *Id., ibid.*, p. 49.

dos grandes complexos primitivos: o poder absoluto do pai, a revolta dos filhos, a morte do pai, a confusão, a instalação do matriarcado e a preparação do herói para o seu advento, o sacrifício e a morte do herói filho, a sua ressurreição. Foi justamente o que aconteceu no Congo, tornando-se sobrevivência inconsciente no auto afro-brasileiro.

Vimos a revolta dos vassalos (simbolicamente: filhos – o rei é o pai, *babá, paizinho Czar, babalaô*, etc., nos monarcas absolutos; isso é elementar em psicanálise), que se insurgiram contra o velho rei ginga NBandi e o mataram. Toma o poder um dos filhos, mas no meio de uma grande confusão, que prepara o triunfo do matriarcado. Vem a rainha ginga. Rainha é mãe (mãe: *gani*, sânscrito; *gune*, grego; *quinô*, gótico; *zena*, eslavo, etc.). A mãe que governa e, para reagir ao Édipo, se torna cruel, sustentando, contra os povos vizinhos e os colonizadores, terríveis e encarniçadas lutas[19]. É nesse sentido que ela personificava o "princípio mau", a que alude Mário de Andrade. Para manter o seu poder e castigar os filhos que desejaram violar o tabu edipiano, ela persegue-os e castra-os. Outra coisa não exprimiriam as cerimônias africanas de circuncisão (embora, por outro lado, na fase patriarcal, a circuncisão exprima também a castração do filho praticada pelo pai). Os filhos castrados não poderão violar o tabu, não poderão assumir o papel de pai, não tomarão o poder.

Esta sobrevivência da castração aparece nítida em algumas versões do auto dos congos. Assim lemos ainda em Melo Morais[20], numa explicação introdutória à sua descrição já transcrita, do auto dos cucumbis:

> Depois da refeição lauta do cucumbe, comida que usavam os congos e munhambanas nos dias da circuncisão de seus filhos, uma parti-

---
19 Vide, para o desenvolvimento do tema da *mãe terrível*, Arthur Ramos, *O negro brasileiro*, pp. 233 ss.
20 Melo Morais Filho, *op. cit.*, p. 127.

da de congos põe-se a caminho, indo levar à rainha os novos vassalos que haviam passado por essa espécie de batismo selvagem. O préstito, formado por príncipes e princesas, áugures e feiticeiros, intérpretes de dialetos estrangeiros e inúmero povo, levando entre alas festivas os mametos circuncisados com lasca de taquara, é acometido por uma tribo inimiga, caindo flechado o filho do rei.

Ao aproximar-se o cortejo, recebendo a notícia do embaixador, ordena o soberano que venha à sua presença um afamado adivinho, o feiticeiro mais célebre de seu reino, impondo-lhe a ressurreição do príncipe morto.

Vemos aí, portanto, que, sobrepujando a angústia da castração, surge o filho herói. É o príncipe Suena, é o Mameto, do auto. Mas o herói tem de morrer. É o sacrifício daquele que tem de pagar a morte do pai. É a punição daquele que ia possuir a mãe. Morre. Isso está nas mais velhas lendas da humanidade, desde os mitos mais primitivos às religiões civilizadas. Morre, mas ressuscita. É aqui que o auto dos congos apresenta um grande conglomerado com alguns autos de sobrevivência totêmica, a que já me referi em *O negro brasileiro*[21], e que retomarei no capítulo a seguir. Em algumas versões, o príncipe casa-se, isto é, recobra os atributos paternos (fálicos) e restaura o patriarcado.

É essa a interpretação psicanalítica daquele *elementar Gedanke* referido pelo ensaísta.

O auto dos cucumbis ou dos congos já não se conserva com a pureza temática de origem. Vai se fragmentando progressivamente. Ora permanece apenas a cena da coroação – são os congos. Ora as embaixadas vão constituir o tema principal – são os maracatus, os festejos carnavalescos, etc. Ora é o tema *rainha* que se destaca – são as taieiras. Por fim, sobrevêm articulações com outros autos portugueses e ameríndios, com autos totêmicos, etc. (guerreiros, bumba-

---
21 Arthur Ramos, *op. cit.*, pp. 249 ss.

meu-boi, caboclinhos...). Há fios condutores, porém, nesses esfacelamentos. E uma dessas ligações mais fortes é justamente o ciclo temático do totemismo que merece um estudo especial.

Um auto de sobrevivência histórica, não da África, mas da própria história dos negros no Brasil, é o dos quilombos que se festejava em Alagoas, relembrando o feito de Palmares. O fato é interessante, pois nos mostra um flagrante exemplo da gênese e do desenvolvimento das canções de gesta e dramatização de feitos heróicos, que passaram ao inconsciente popular. É provável que em outros pontos do Brasil, onde houve a formação de repúblicas negras, o inconsciente coletivo tenha guardado sobrevivências em autos análogos.

Parece-me, porém, que o caso mais típico é o de Alagoas, tal a importância histórica do maior dos quilombos negros, o de Palmares. Tão dilatado foi o período das lutas (quase setenta anos), tão importantes foram as expedições e os combates, que as populações alagoanas das imediações da serra da Barriga e dos vales do Paraíba e do Mundaú até hoje guardam a lembrança, nos autos folclóricos.

Alfredo Brandão[22], um erudito estudioso da história de Alagoas, assim descreve o auto popular dos quilombos:

> O torneio popular, conhecido pelo nome de quilombo, é uma festa que tende a se acabar, não somente na Viçosa, mas ainda nos outros lugares do centro.
>
> Entretanto é uma festa puramente alagoana que relembra um dos fatos mais importantes da nossa história – a guerra dos Palmares – e que deveria ser conservada, não só pelo amor à tradição como porque tal gênero de diversão não deixa de ter o seu atrativo, sendo mesmo superior às antiquadas e estafantes cavalhadas.
>
> Era no dia do orago que se realizava o torneio do quilombo: ao amanhecer, em um canto da praça, via-se organizado um reduto de

---

22 Alfredo Brandão, *Viçosa de Alagoas*, Recife, 1914, pp. 95-8.

paliçada, poeticamente enfestoado de palmas de palmeira, de bananeiras e de diversas árvores virentes e ramalhosas que durante a noite haviam sido transplantadas. Dos galhos pendiam bandeiras, flores e cachos de frutas. No centro da paliçada erguiam-se dois tronos tecidos de ramos e folhas; o da direita estava vazio, mas o da esquerda achava-se ocupado pelo rei, o qual trajava gibão e calções brancos e manto azul bordado, tendo na cabeça uma coroa dourada e na cinta uma longa espada. Em torno os negros, vestidos de algodão azul, dançavam ao som de adufos, mulungus, pandeiros e ganzás, cantando a instantes a seguinte copla:

> Folga negro
> Branco não vem cá
> Se vier
> O diabo há de levá

Depois estrugiam gritos guerreiros, os instrumentos redobravam de furor; ouviam-se sons de buzina e os negros dispersavam-se para vender o saque da noite. Esse saque era representado por bois, cavalos, carneiros, galinhas e outros animais domésticos, que haviam sido cautelosamente transportados de diversas casas para o quilombo. A vendagem era feita aos próprios donos, os quais, em regra geral, davam aos vendedores um tostão ou 200 réis. Por volta das 10 horas, o rei, à frente dos negros, ia buscar a rainha, uma menina vestida de branco, a qual, no meio de muitas zumbaias, músicas e flores, era conduzida para o trono vazio. As festas, as danças, os cantos e os gritos guerreiros continuavam até o meio-dia, quando apareciam os primeiros espias dos caboclos, os quais, apenas trajando tangas e cocar de penas e palhas, vinham armados de arcos e flechas. Apareciam cautelosos, procurando conhecer as posições do inimigo através da folhagem.

Os negros em grande alarido preparavam-se para o combate.

Logo depois surgiam todos os caboclos, tendo à frente o seu rei, o qual usava espada e manto vermelho. Marchavam cantando e dançando o toré, dança selvagem acompanhada pela música de rudes e monótonos instrumentos, formados de gomos de taquaras e taquaris rachados, e de folhas enroladas de palmeira. A luta se travava na praça, em frente ao quilombo, e depois de muitas refregas, de retiradas simuladas e assaltos, o rei dos caboclos acabava subjugando o rei dos negros e apossando-se da rainha.

Nesse momento os sinos repicavam, as girândolas estrugiam em frente à matriz e, no meio das vaias e gritaria da garotada, os negros, batidos pelos caboclos, recuavam para o centro do quilombo, o qual era cercado e destruído. Terminava a festa com a vendagem dos negros e a entrega da rainha a um dos maiorais da vila, que para fazer figura tinha de recompensar fartamente os vencedores.

No brinquedo dos quilombos a que eu assisti, em pequeno, na cidade do Pilar (Alagoas), havia a cena inicial das danças dos negros, com muitos cânticos, de que guardei os seguintes:

> Folga nego
> Branco não vem cá
> Se vié
> O diabo há de levá
>
> Folga nego
> Branco não vem cá
> Se ele vié
> Pau há de levá
>
> Folga parente
> Caboco não é gente

Esta primeira parte do brinquedo consistia numa passeata pelas ruas da cidade, finda a qual começava o auto propriamente dito. Era o *acampamento*. Havia dois ranchos: o dos negros e o dos caboclos. Cada rancho tinha o seu rei, embaixadores, espias, vassalos. Surgia uma série de peripécias – de intrigas, espionagens, etc. –, que tinham por fim o cerco do rancho dos negros e o roubo da rainha. Os caboclos iniciavam, então, os assaltos. Havia lutas e recuos, onde cantavam:

> Dá-lhe toré
> Dá-lhe toré
> Faca de ponta
> Não mata muié

Por fim, o rancho dos negros era tomado e roubada a rainha. Os negros ficavam presos e choravam em altos brados. Saíam os caboclos a vender os negros, a fim de libertá-los e entregar-lhes a rainha.

Ora, não precisa grande esforço de interpretação para concluirmos que o auto alagoano dos quilombos representa uma sobrevivência histórica da República dos Palmares. No auto, poderemos até um certo ponto recompor a vida dos negros confederados no quilombo célebre, cuja história ainda não foi suficientemente escrita. Os versos iniciais do auto:

> Folga nego
> Branco não vem cá

estão a exprimir o sentimento de liberdade que os escravos fugidos dos engenhos, os calhambolas, entoavam na segurança da sua cidadela. Lá, dentro dos seus dez ou doze mucambos, em que estava subdividida a República, eles podiam brincar, folgar à vontade: "branco não vem cá".

Mas o sentimento de segurança foi-se desfazendo logo às primeiras investidas dos brancos. E os negros palmarinos procuravam fortificar-se. O local – encosta das serras da Barriga e da Juçara – facilitava a sua defesa. Construíram três linhas de defesa de paus-a-pique e armaram-se o quanto puderam. É o que o auto quer figurar, na cena do *acampamento*. Os cânticos lançam então o desafio:

> Se vié
> O diabo há de levá
> Se vié
> Pau há de levá

Para se manterem na sua improvisada República, os negros tinham de recorrer ao saque e à pilhagem nas aldeias circunvizinhas dos índios, e nas populações dos vales do Paraíba e do Mundaú, que foram obrigadas a contemporizar com aquele estado de coisas. Isso originou, naturalmente, represálias por parte dos indígenas, os últimos caetés existentes. A luta principal, porém, e o ódio dos negros contra os caboclos provêm da expedição organizada pelo governador da Capitania, D. Pedro de Almeida, e da qual faziam parte soldados, índios pardos da ordenança, pretos de Henrique Dias. Provavelmente os negros palmarinos deram a denominação desprezível de caboclos aos seus inimigos perseguidores, o que ficou sobrevivente nos versos:

> Folga parente
> Caboclo não é gente

Qualquer membro da expedição tinha o direito de posse sobre o que tomassem aos palmarinos, e os negros capturados seriam revendidos aos seus respectivos senhores, ou a qualquer outro pretendente, no caso de não ficar provada a legitimidade da posse. O auto popular rememora tais fatos no inconsciente coletivo: o rancho dos caboclos, as suas danças, os cânticos:

> Dá-lhe toré
> Dá-lhe toré

as lutas pela captura, com suas tricas, espionagens e traições e o cerco final com o aprisionamento e venda dos negros.

Tudo isso ficou esquecido, apenas sobrevivente no inconsciente folclórico. Nenhum dos negros a quem ouvi tinha a menor noção das lutas históricas dos Palmares. Eles ignoravam por completo a significação do auto dos quilombos. Ou procuravam uma explicação qualquer, mas sem a menor ligação com a epopéia palmarina.

A intromissão de uma rainha, no brinquedo, provém, a meu ver, de uma aproximação dos quilombos com o auto dos congos. Essa luta do matriarcado é um *leitmotiv* muito poderoso, e nós vimos a sua sobrevivência em vários autos guerreiros de procedência africana e cabocla. No caso dos quilombos, essa aproximação já facilitada pela identidade de origem étnica dos negros que fizeram a República dos Palmares com os negros que introduziram no Brasil o auto dos congos, cuja remota significação já deixamos assinalada. Ambos foram negros bantus. Não resta a menor dúvida quanto a essa procedência étnica dos negros palmarinos. Nina Rodrigues já o deixara assinalado quando registrou as expressões *Zambi*[23], *Gana, Iomba, Gana Zona*, etc.[24] como sendo de procedência bantu. Portanto qualquer sincretismo do auto dos quilombos com qualquer outro de procedência bantu é perfeitamente compreensível.

Nós vamos assistindo, nos dias de hoje, a essas graduais e imperceptíveis transformações. E é com dificuldade que o estudioso consegue, às vezes, reconhecer os longínquos elementos de origem. Autos de neoformação brasileira existem, onde se acham amalgamados, numa mistura quase irreconhecível, os folclores negro (de procedência africana e brasileira), ameríndio e europeu.

Autos guerreiros pululam no Brasil. Neles colaboram congos e quilombos, caboclos, mouros e outros brinquedos peninsulares. Há múltiplas versões, de Estado a Estado, e às vezes de cidade a cidade. Muitos desses autos sofrem inclusões totêmicas, de proce-

---

23 Não confundir Zambi, deus (pronúncia: *Zâmbi*), com Zumbi, espírito mau. Já procurei desfazer esta confusão em *O negro brasileiro*, p. 80.
24 Nina Rodrigues, *Os africanos no Brasil*, pp. 141 e 189.

dência africana e ameríndia, originando-se curiosos sincretismos, onde, por vezes, se poderão reconhecer os elementos originários. Nos brinquedos pertencentes ao ciclo dos caboclinhos e guerreiros, que estudaremos no capítulo a seguir, as danças e as cenas de pura sobrevivência totêmica são reconhecíveis. O que vem a provar que a história se mistura de símbolos, de crenças, de ritos, isto é, de elementos afetivo-dinâmicos que passaram ao inconsciente coletivo, constituindo a tradição anônima. Inconsciente folclórico.

CAPÍTULO III | A sobrevivência totêmica: autos e festas populares

Algumas das tribos importadas para o Brasil, no tráfico de escravos, pertenciam a povos totêmicos. Não insistirei sobre a instituição do totemismo a que já consagrei, em *O negro brasileiro*[1], um capítulo especial.

O totemismo africano sobrevivente no Brasil é de procedência bantu e sudanesa, muito embora, entre muitas tribos do Sudão, não se possa falar propriamente em verdadeiro totemismo. Tratar-se-ia apenas de afinidades entre certos animais e plantas e os membros do clã. Seja como for, Ellis encontrou traços totêmicos entre os geges que se organizaram em vários clãs como o *Kpo-dó*, clã do leopardo; *Ordãnh-dó*, clã da serpente; *Dzátá-dó*, clã do leão; *Téhividó*, clã do inhame; *Elo-dó*, clã do crocodilo; *Ed dú-dó*, clã do macaco. Ainda entre os daomeanos, *Danh*, a serpente sagrada, constituiu o centro, a base do culto vodu, tão em voga entre os negros da América do Norte e Central.

Entre os povos bantus, a família se organiza em clãs totêmicos. Há vários totens, como da serpente, do lobo, do urso, do bisão, da lebre e até de peixes e aves. A família, entre os Ba-Nhaneca e os Ban-Kumbi, por exemplo, "tem o nome de *lunda*, ou *anda* se se referem ao grupo constituindo o totem: *anda* do elefante, da cobra,

---
1 Arthur Ramos, *op. cit.*, pp. 249-70.

etc., isto é, família de todos os indivíduos que descendem do elefante, da cobra, etc. Os casamentos ou ligações conjugais também são proibidos tanto no primeiro caso como neste último"[2].

Transportados para o Brasil, os negros encontraram aqui, de um lado os brinquedos de origem peninsular do ciclo das janeiras – pastoris e outros autos de Natal e Reis – de outro, festas populares de origem ameríndia, confrarias religiosas e outras instituições, onde eles se acomodaram com o sobrevivente das suas organizações totêmicas. Resultou de tudo isso um amálgama curioso, que caracteriza as festas populares brasileiras do ciclo do Natal.

Já nos referimos à remota origem dos bailes pastoris. A pastoral natalícia (*pastoril*, em Portugal, *villancico*, na Espanha, *pastorella*, na Itália...) é uma herança medieval[3], onde se celebrava o mistério do nascimento de Jesus, em autos populares, que variavam desde simples cânticos de pastores até enredos mais complicados que tiveram a sua forma mais completa na Itália, com a instituição do *Presepe* e das *Sacre Rappresentazioni*, em 1223, com São Francisco de Assis.

Os bailes pastoris vieram ao Brasil pelos fins do século XVI, segundo Pereira da Costa[4] e aqui, em pouco tempo, tomaram uma feição própria. Já vimos os jesuítas se aproveitando deles para a obra da catequese. Novos fatos da nossa história enriqueceram o seu enredo. Depois vieram os sincretismos ameríndio e negro.

---

2 A. F. Nogueira, *A raça negra sob o ponto de vista da civilização da África. Usos e costumes de alguns povos gentílicos do interior de Mossâmedes e as colônias portuguesas*, Lisboa, 1880, p. 284.

3 Num interessante estudo de conjunto sobre a pastoral natalícia, adverte-nos Franco de Feo que a palavra *pastoral* compreende tecnicamente as formas seguintes: a) a dança de origem francesa, moderna, de movimento moderado, 6 por 8; b) o gênero literário nascido na Sicília com os *Idílios* de Teócrito que nos leva às primeiras origens do gênero pastoral, mitológico, cujo exemplo máximo são as *Bucólicas*, de Virgílio; c) a forma de canção trovadórica, com personagens, de forma quase fixa em 1200, onde os protagonistas eram pastoras e de caráter madrigalesco, tendo-se desenvolvido ao extremo entre os cavaleiros, em jogos de amor; d) a espécie de ópera agreste idílica, compositores de 1500 e 1600, onde os protagonistas eram pastores (óperas de Emílio Del Cavaliere, por exemplo), ópera agreste que nos conduz aos pórticos do melodrama teatral; e) finalmente a forma popular de canções sacras, que é a pastoral natalícia, a *pastorella*, propriamente dita. "Todas estas formas diferentes, conclui o ensaísta, têm de comum aquela atmosfera de inocência, de paz serena, de simplicidade, de calma tranqüilidade, que forma os clássicos idílios, as clássicas églogas, as clássicas bucólicas" (Franco de Feo, *La Zampogna – La Natività e il Presepe – La Pastorale natalizia*, Musica d'Oggi, abr. 1930, p. 161).

4 Pereira da Costa, *Folclore pernambucano*, cit., p. 190.

Dançados de início nas casas de famílias, onde se armavam presépios, os pastoris passaram a constituir um misto de auto sagrado e profano, representados em coretos ou palanques armados na praça pública. As suas personagens, a música e as danças variam de Estado a Estado, de cidade a cidade.

No Nordeste, os pastoris constam de dois partidos ou cordões: o cordão azul e o cordão encarnado, conforme as cores das vestes das respectivas pastoras. A chefe do cordão encarnado tem o nome de Mestra e a do cordão azul, de Contramestra. Outras personagens são a Borboleta, o Anjo, Diana, o Velho, figura grotesca cuja função é dizer pilhérias aos espectadores. Em alguns pastoris, havia personagens como o Herodes, o Fúria, Satanás, etc. Os cânticos, loas ou jornadas são acompanhados por um conjunto instrumental que antigamente se compunha de pistom, trombone, clarinete, bombardino, oficlide e bombo.

A certa altura dos brinquedos, os assistentes começam a oferecer prendas, quase sempre uma flor, às pastoras de sua preferência, que as põem em leilão. Só o registro desses cânticos pastoris comportaria um volume, tal a riqueza inventiva da imaginação popular. Em nossos dias, esse trabalho de adaptação é imenso e nós assistimos nos pastoris a fragmentos musicais de óperas e operetas, de sambas e outras músicas populares e até de foxes americanos.

O negro viu tudo isso e surgiu com o seu material. Aliás, a sua intromissão já se dera no próprio Portugal. O escritor João Gouveia assim nos descreve uma comédia pastoril da ilha da Madeira[5]:

> É a hora de visitar as Lapinhas.
> Organiza-se uma companhia, formada de dois cômicos, um vilão e um preto.
> Trazem cabaças a tiracolo e um pequeno saco para donativos.
> Entram em cena:

---
5 M. R., "O Natal (folclore)", *Almanaque Brasileiro*, 1910, p. 263.

VILÃO (avançando):
Eu venho da serra, de longe, cansado
Por vel'o Menino deixei o meu gado

PRETO:
Também ió lá deixei tudo o que lá tinha,
Só por vir agora ver esta Lapinha

VILÃO:
Eu venho da serra, d'além do penedo
Com meu machetinho folgar no folguedo

PRETO (apontando o vilão):
O bruto dos campos, olha a fidarguia
Que vem da cidade trajando cerguia

VILÃO:
Sou branco de raça, geração limpinha,
Vim vel'o Deus nado que está na Lapinha

PRETO:
Tu diz vem ver nado lo Deus na Lapinha,
Tu vens p'ra comer bacalhau e sardinha

VILÃO:
Cal'te lá mau preto; tu m'o pagarás,
No ano que vem tu não falarás.

EM CORO:
Meu menino Deus do meu coração,
Amar-te sim sim, deixar-te não não!

Assim termina a ingênua comédia, que apenas por curiosidade pinturesca apontamos.

O dono da casa oferece a oblata pela distinção e amabilidade da visita e enche seguidamente os copos grossíssimos dum vinho topaziado e fino.

Deixando e levando votos de ventura, partem os atores, seguidos do rapazio pelas estradas térreas, entre vinhas ou pinhais, sob um céu claro, escorrendo sonhos e mais sonhos, pelo crivo luminoso das estrelas que picam o azul.

Na Bahia, os pastoris tomam os nomes de ternos e ranchos, e foi Nina Rodrigues quem primeiro denunciou, nestes últimos, traços totêmicos introduzidos pelos negros sudaneses. O terno é a forma mais aristocrática dos pastoris baianos. É formado de pastores e pastoras, vestidos uniformemente de branco, dispostos dois a dois. As pastoras conduzem um pandeiro enfeitado de fitas e os pastores levam uma flecha tendo na extremidade uma lanterna de papel, acesa. Vão precedidos por dois ou três músicos e visitam as casas dos amigos e conhecidos cantando quadrinhas como estas:

> Ó senhor, dono da casa
> Nós viemos visitar
> A sua bela morada
> Nós viemos visitar
>
> Vinde abrir a vossa porta
> Se quereis ouvir cantar
> Acordai se estais dormindo
> Que nós viemos festejar

Os ranchos propriamente ditos são mais populares. Numa antiga descrição do dr. Sousa Brito, reproduzida por Nina Rodrigues[6], verificamos como se distinguiam os ternos, por caracteres inconfundíveis:

---
6 Nina Rodrigues, *Os africanos*, cit., p. 263.

O rancho prima pela variedade de vestimentas vistosas, ouropéis e lantejoulas, a sua música é o violão, a viola, o cavaquinho, o canzá, o prato e, às vezes, uma flauta; cantam os seus pastores e pastoras por toda a rua, chulas próprias da ocasião, as personagens variam e vestem-se de diferentes cores conforme o bicho, planta ou mesmo objeto *inanimado* que os pastores levam à Lapinha.

Vemos aí evidentemente a intromissão do negro.
São vários os bichos dos ranchos. A princípio, conforme o mesmo autor, eram a burrinha e o boi. Depois vieram o cavalo, a onça, o veado, a barata, o peixe, o galo, o besouro, a serpente, a concha de ouro; seres fabulosos como a fênix, a sereia, o caipora, o mandu; plantas e flores: laranjeiras, rosa Amélia, rosa Adélia; e, por último, até seres inanimados, como o navio, a coroa, o dois de ouro, etc. Os ranchos apresentam outras personagens distintas dos ternos, como balizas, porta-machados, mestre-salas, e personagens que lutam com a figura principal que dá nome ao rancho. Esta figura principal é o pescador, se o rancho é do peixe; o caçador, no rancho do veado ou da onça; e assim por diante. "Estes ranchos – conclui o dr. Sousa Brito – vão até a Lapinha, onde a comissão dos festejos dá um ramo ao primeiro que chega. Todos eles cantam e dançam nas casas por dinheiro. Suas danças consistem num lundu sapateado, no qual a figura principal entra em luta com o seu condutor que sempre o vence; depois jogam, sempre dançando e cantando, um lenço aos donos da casa que restituem-no com dinheiro amarrado numa das pontas e saem cantando, dançando, batendo palmas, arrastando os pés, num *charivari* impossível de descrever-se."

Guilherme de Melo, na sua descrição dos ranchos baianos, aludiu ao boi, ao cavalo, à cobra, ao jacaré, à lagartixa, etc., interpretando erradamente o sentimento do populacho, "entendendo que não eram somente os pastores que deviam render culto ao Messias, e sim também os animais..."[7], confusão resultante da clássica presença do boi, da vaca, da burrinha nos presepes de Natal.

---
7 Guilherme de Melo, *A música no Brasil*, cit., p. 36.

Também Manuel Querino[8] fez a distinção entre os ternos e os ranchos na Bahia. Estes eram mais numerosos, os figurantes vestiam roupas de cores berrantes, carnavalescas, de acordo com os símbolos de cada rancho, quase sempre figuras de animais. Os ranchos tinham um baliza, depois substituído pelo mestre-sala. Havia, no tempo de Querino, os ranchos do peixe, cachorro, águia, estrela d'Oriente, garça, fênix, carneiro, avestruz, beija-flor, esperança, canário, sereia, pinicopéu e outros. De antiga reportagem de um jornal baiano, transcrita pelo mesmo autor, destacamos o seguinte trecho:

... os ranchos propriamente ditos, mais numerosos e tendo menos figurantes, vestem roupas vistosas de cores muito vivas, emprestando ao grupo uma feição carnavalesca, e levam como símbolos figuras de animais.

Ao som de instrumentos populares, marcham ao clarão de fumosos archotes de bagaço de dendês.

O emblema carregado à cabeça de um dançarino, que se oculta a meio sob abundantes folhas de estopinha, é o primeiro a carregar diante das casas a que vão tirar o rei.

A porta da rua é imediatamente fechada e diante dela o rancho entoa quadras improvisadas por bardos anônimos.

Dando ingresso na sala de visita, abarrotada de assistentes, formam todos um círculo do qual ocupa o centro o bicho, que dá nome ao rancho.

O apito faz-se ouvir a miúdo e o emblema, enorme rosa, navio, anjo, laranjeira, peixe, barata, pavão ou jacaré, rodopia vertiginosamente diante do mestre-sala que executa piruetas impossíveis, passos, na gíria do povo.

A porta-bandeira atira então um lenço ao regaço da dona da casa que nele envolve uma espórtula.

O grupo canta de novo em agradecimento e retira-se para ir a outra casa, "pois que a noite é pequena e eles têm muito que andar".

---

8 Manuel Querino, *A Bahia de outrora*, cit., pp. 29 ss.

São estes ranchos, os que fazem as delícias da arraia-miúda, que o acompanha por toda a parte, entusiasmada, encarecendo cada qual os predicados do bicho de sua predileção, em meio de muita farroma.

Hoje, os nomes dos ternos e ranchos vão sofrendo cada vez maiores transformações, por influência mestiça. Quase não há separação nítida entre eles. Os nomes-símbolos de animais vão sendo substituídos. E já numa descrição sobre os festejos de Reis, do *Diário de Notícias* da Bahia, de 5-1-1929, lemos um tópico por onde se poderá avaliar da rapidez da transformação aludida:

> Terra da tradição, na Bahia, se armam presepes na via pública, neles se coloca, entre palhas, na humilde estribaria, Deus-Menino e a santa família.
> E horas altas da noite, vestindo a rigor característico, estandarte e baliza à frente, puxados por charangas chorosas, os romeiros marcham levantando poeira e convocando a população para vê-los passar, em demanda dessas lapinhas da tradição. São os ternos e ranchos do costume com as suas luminárias, que se formam, para o reisado, são da massa do nosso sangue, amante de folguedos religiosos, desde o amanhecer da nossa nacionalidade.
> Pelo que conseguimos registrar, sairão, à noite de hoje: o *Lírio da Boa Vista* (Brotas); *Sol do Oriente* (Água de Meninos); *União dos Artistas* (Maçaranduba); *Bem-te-vi* (São José de Cima); *Nova Esperança* (Brotas); *Cardeal* (Plataforma); *Estrela-d'Alva* (Cravina); *Manezinho Lira Chorosa*; e outros que ensaiaram a valer.

Nina Rodrigues fez a descoberta da aproximação dos ranchos de Reis na Bahia com as instituições totêmicas negro-africanas[9]. O agrupamento dos ranchos tem muita semelhança com a organização familiar dos totens. O sócio do rancho se diz membro do rancho do cavalo, da barata, do galo, da mesma forma que, entre os

---

9 Nina Rodrigues, *Os africanos no Brasil, cit.*, pp. 265 ss.

ewes, o indivíduo pertence ao clã do *Elo-dó* (crocodilo), do *Kpo-dó* (leopardo), etc. O totem é venerado entre os povos totêmicos da mesma forma que o animal ou planta, símbolo do rancho, merece uma distinção especial. Isso é a sobrevivência da idéia de parentesco e proteção entre o animal-totem e os membros do clã. Ainda nas danças, essa comparação pode ser facilmente observada. As danças dos ranchos teriam sua origem nas cerimônias propiciatórias africanas, intimamente ligadas ao totemismo: danças cíclicas, ritos de puberdade, cerimônias de caça, etc. "A comparação mais superficial – completa Nina Rodrigues[10] – das nossas com essas danças bem o demonstra. As danças dos ranchos de Reis consistem essencialmente em uma espécie de pantomima, de luta entre o objeto ou animal, chefe ou totem do rancho, e o seu guia. Este objeto ou animal é representado por uma figura de grandes proporções, com as formas do animal ou objeto escolhido, boi, borboleta, navio, etc., debaixo da qual se mete um homem que a faz marchar e dançar." Como vimos, esses traços totêmicos de influência negra são evidentes nos ternos e ranchos, embora haja uma tendência ao seu gradual esquecimento. Os nomes dos animais vão sendo substituídos por plantas – o que é ainda totemismo – e, mais ainda, por outros nomes, onde a lembrança totêmica já se torna mais apagada. Perduram, porém, outros traços totêmicos nesses festejos: o emblema ou símbolo, que dá o nome ao rancho ou clube; a sua organização fechada, com as suas cores próprias; as rivalidades entre uns e outros; as danças e cerimônias de franca origem negro-totêmica, hoje já adulteradas ao contato do ameríndio; etc. Ainda hoje, nos clubes, blocos e cordões carnavalescos podemos reconstituir a mesma origem que para os ranchos baianos. Os nomes desses blocos estão a evocar a sua ascendência totêmica: *Flor do Abacate, Recreio das Flores, Rouxinol, Flor da Lira, Lírio Clube, Recreio do Jacaré, Urso Branco, Rosa do Ouro*, etc.

---

10 *Id., ibid.*, p. 267.

Essa tendência dos negros brasileiros a se reunirem em clãs ou confrarias reconhece, de um lado, uma sobrevivência do totemismo (clãs totêmicos), do outro, a defesa natural contra a opressão dos senhores. Encontraram no Brasil o símile destas agremiações nas confrarias católicas e adaptaram-se facilmente a elas. Aliás, no próprio Congo, já havia essas confrarias negras com o santo da sua proteção, introduzido pela catequese dos missionários portugueses: Nossa Senhora do Rosário.

No Brasil, os negros congos continuaram a sua devoção a Nossa Senhora do Rosário e a outros santos. E uma primeira modificação imprimiram ao auto dos congos, já descrito no capítulo anterior. O que tende a sobreviver do referido auto é a cena processional (*leitmotiv* da embaixada real) que sempre termina numa igreja de devoção negra. Melo Morais Filho[11] conta-nos da procissão de São Benedito no Lagarto, em Sergipe. São os congos e as taieiras, evidentemente fragmentações do antigo auto dos congos-cucumbis. Havia, na procissão, três negras vestidas de rainha, com seus mantos e coroas douradas, ladeadas de duas alas de congos, vestidos de branco e armados de espadas. De tempos em tempos, a procissão parava e as duas filas de negros congos se degladiavam, terçando espadas e disputando a coroa da rainha principal, a quem chamavam a Rainha Perpétua. Andores e irmandades completavam o séquito, destacando-se o andor de Nossa Senhora do Rosário, guardado pelas taieiras, grupo de mulatas graciosamente vestidas à baiana. Uma das taieiras tirava os cânticos:

> Virgem do Rosário,
> Senhora do mundo
> Dê-me um coco d'água
> Senão vou ao fundo

---

11 Melo Morais Filho, *Festas e tradições*, cit., pp. 89 ss. Vide também Sílvio Romero, *Cantos populares do Brasil*, Rio de Janeiro, 1897, pp. XIII, XIV e 187; Guilherme de Melo, *op. cit.*, pp. 49-52.

Ao que respondia o coro:

> Inderé, ré, ré
> Ai! Jesus de Nazaré

Há muitas dessas quadras de Nossa Senhora do Rosário e de São Benedito esparsas por todo o Nordeste brasileiro. Lembro-me das seguintes que ouvi em Alagoas:

> Meu São Benedito
> Santinho de ouro
> Ele é pretinho
> É que nem besouro
>
> Quem é aquele
> Que vem acolá
> É São Benedito
> Que vem passeá
>
> Ré, ré, ré, ré, ré...
> Jesus de Nazaré!

Vieira Fazenda[12] descreve-nos várias dessas confrarias religiosas dos afro-brasileiros no Rio: Nossa Senhora do Rosário, Santa Ifigênia, São Domingos de Gusmão, Parto, etc. Elas proliferaram em todo o Brasil. Em Pernambuco, "os negros, escravos ou não – escreve Pereira da Costa[13] –, celebravam também a bandeira de Nossa Senhora do Rosário, sua padroeira, e faziam-no com um misto

---

12 Vieira Fazenda, *Cenas extintas*, Kosmos, maio de 1905, n° 5, e "Antigualhas e memórias do Rio de Janeiro", *Revista do Instituto Histórico e Geográfico Brasileiro*, t. 89, v. 193, p. III. Vieira Fazenda refere-se também às *bandeiras* de ofícios, no Rio (classificadas pela determinação régia de 3 de dezembro de 1771), que eram organizações de irmandades ou confrarias, tendo cada uma por patrono um santo do calendário. Foi esta a primitiva forma dos sindicatos de profissões, de origem portuguesa, mais um elemento de aproximação das confrarias e clãs afro-brasileiros. Reservaremos ao seu estudo um desenvolvimento especial no volume dedicado à sociologia do negro brasileiro (*op. cit.*, t. 93, v. 147, pp. 190 ss.).

13 Pereira da Costa, *Folclore pernambucano*, cit., p. 196.

de preceitos religiosos e profanos, como se vê de uma que houve em Olinda em 1815, acompanhada pelos irmãos e irmãs da respectiva irmandade, – '*com toques de instrumentos, zabumbas, clarinetes e fogo do ar*' – e que saíra mediante licença concedida pelo ouvidor-geral da comarca, o dr. Antônio Carlos Ribeiro de Andrada Machado e Silva. Essa custou-lhe uma áspera reprimenda do governador Caetano Pinto de Miranda Montenegro, que em dois longos ofícios a ele dirigidos, sobre o assunto, combateu – os erros e abusos que outros lançaram à zombaria, vendo-os introduzir e arraigar-se, e para cuja destruição trabalhava há muitos anos".

De nada valeram essas reprimendas, porque essas confrarias e devoção a Nossa Senhora do Rosário, de forma direta ou disfarçada, continuaram até os nossos dias. Koster referiu-se a essa devoção dos negros a Nossa Senhora do Rosário, cuja imagem, segundo o testemunho daquele viajante, algumas vezes se via pintada de preto. E ainda Pereira da Costa, verificando a existência das confrarias negras de Nossa Senhora do Rosário e São Benedito, refere-se às Irmandades de Nossa Senhora do Rosário dos Homens Pretos, em Recife, cujo fim último seria a assistência mútua dos pretos agremiados. De acordo com uma nota de Loreto Couto, em 1756, para os que não pertenciam às irmandades, um sacerdote, a que davam o nome de Clérigo do Bangue, acompanhava à sepultura os negros defuntos que não eram devotos de Nossa Senhora do Rosário[14].

O essencial, porém, dessas confrarias negras é a sua íntima conexão com as cerimônias de coroação de reis negros. Neste ponto, cumpre fazer uma distinção fundamental, a meu ver, dos autos populares de pura sobrevivência histórica e dos de sobrevivência totêmica, embora muitas vezes se torne impossível separá-los, pela obra do sincretismo. As organizações negras populares, ranchos, irmandades, confrarias, bandeiras, cordões... – evocam os clãs totêmicos, primitivos. E tanto isso é exato quanto intervêm, nestes

---
14 Id., ibid., p. 213.

agrupamentos, animais, plantas ou símbolos outros, sobreviventes dos totens africanos de origem. Para completar a aproximação, vêm as festas de coroação de reis. E sabemos que as organizações patriarcais africanas estão intimamente ligadas ao totemismo. Estas festas populares de reis africanos no Brasil têm, pois, várias origens: resultado do esfacelamento de autos, como o dos congos-cucumbis, que evocam acontecimentos históricos dos reis congos; cerimônias totêmicas ligadas ao patriarcado, com as suas festas cíclicas de coroação; sobrevivências dos fastos africanos das embaixadas e cerimônias processionais; as festas peninsulares do ciclo das janeiras, saídas de velhas tradições, onde era costume a escolha de um rei ou de uma rainha; autos ameríndios correspondentes.

Os negros fizeram no Brasil uma curiosa mistura de todas essas tradições e nós assistimos à sua progressiva complicação – desde o totemismo simples dos ranchos, até as confrarias e processões de coroação de reis negros, os reisados (com o totemismo do boi), os autos sincréticos guerreiro-totêmicos.

Já nos referimos, no capítulo anterior, às festas de coroação de reis congos, transcrevendo uma nota de Mário de Andrade. É um motivo dominante, nos festejos afro-brasileiros, herança de um costume histórico na própria África e ainda repetido no Brasil. Sabemos que, no Brasil, os escravos, principalmente os descendentes do Congo, reuniam-se e elegiam o seu rei, *Muchino riá Congo*, como os chamavam. Os reis do Congo, segundo as informações de Pereira da Costa, eram escolhidos por eleição geral procedida entre os próprios negros. Tinham a sua corte, os seus secretários, mestre-de-campo, arautos, serviço militar, etc. Cada cabeça de comarca possuía o seu rei e rainha e, após a eleição, era feita a cerimônia solene da coroação e posse no dia da festa de Nossa Senhora do Rosário. Assim descreveu Koster, citado por Pereira da Costa[15], o ato de coroação de um rei do Congo, em Itamaracá, no ano de 1811:

---

15 *Id., ibid.*, p. 214.

Às onze horas, dirigi-me à igreja com o vigário, colocamo-nos na entrada, e com pouco vimos aproximar-se grande número de negros e negras trajados de variadas cores, precedidos de tambores tocando e de bandeiras desfraldadas. Quando estiveram perto distinguimos no meio deles o rei, a rainha e o secretário de Estado.

Os dois primeiros tinham coroas de papelão cobertas de papel pintado e dourado. Do uniforme do rei, a casaca, o colete e os calções eram de três cores diversas, verde, encarnado e amarelo, e talhadas à moda antiga; trazia na mão um cetro de madeira perfeitamente dourado: e a rainha trajava vestido de seda azul, também à antiga. O pobre do secretário, porém, podia lisonjear-se de trazer em si tantas cores diversas como seu soberano, mas era evidente que, tanto de um lado como do outro, eram roupas emprestadas, porque os calções eram estreitíssimos e o colete desmedidamente amplo.

Terminado o ato religioso, teve lugar a cerimônia da coroação, na porta da igreja, sem mais outra formalidade que ajoelhar-se o rei e receber sobre a cabeça a coroa real colocada pelas mãos do pároco, voltando então o préstito para o engenho Amparo, na mesma ordem em que veio, e onde passou-se o dia festivamente, com lautas mesas e danças à moda africana.

As festas dos reis congos difundiram-se, como já vimos, por todo o Brasil, até os meados do século XIX, tendo havido vários episódios curiosos, cujo estudo ficaria fora da alçada do presente trabalho. Se insistimos em destacar esse *leitmotiv*, sobrevivente em muitos brinquedos populares, é que ele está intimamente ligado às instituições das confrarias, associações negras, de parentesco essencial com os clãs totêmicos.

As embaixadas também foram outro motivo temático, quase sempre inseparável da instituição dos reis, e sobrevivente no Brasil, de antigos e arraigados hábitos africanos, em vários autos, como o dos congos, que já estudamos.

Acham-se, pois, completamente fundidos esses vários motivos: ranchos e clubes totêmicos, confrarias religiosas, coroação de reis negros com respectivas embaixadas. E tanto isso é verdade quanto em outros pontos da América, nessas instituições, sobreviventes nos brinquedos populares, a mesma fusão se verifica.

Em Cuba, por exemplo, os *cabildos* negros, partindo de uma primitiva organização, cujo fim era a associação e defesa dos negros entre si, tornaram-se sobrevivência em festas populares do ciclo das janeiras[16]. As mesmas instituições dos reis congos, das embaixadas, das confrarias religiosas, dos clubes totêmicos... *Cabildos* e *cofradias* festejavam a Nossa Senhora dos Remédios, a São Domingos... Faziam procissões, com seus cânticos, com seus bailes negros. Organizavam *caravanas* totêmicas, os *comparsas*, trazendo nomes como El Gavilán, Los Congo Libres, El Alacran, La Culebra...

Os festejos da coroação dos reis e o motivo das embaixadas não foram apenas de origem bantu. Já vimos que os ranchos baianos herdaram muita coisa do totemismo sudanês, principalmente jeje. Pois bem. Ainda na Bahia, onde o tráfico maior foi de escravos sudaneses, vamos encontrar sobrevivências de coroação de reis em antigos festejos carnavalescos, hoje quase extintos. Esses festejos reconhecem duas origens: sudanesa e bantu. De fato as instituições totêmico-históricas (ciclo dos reis) de origem bantu foram tão poderosas no Brasil, que até na Bahia, onde o tráfico maior foi de sudaneses, se misturaram a festas populares que reconhecem esta última origem. Os antigos clubes carnavalescos da Bahia, principalmente A Embaixada Africana e os Pândegos da África, são sobrevivências de festas cíclicas da Costa dos Escravos, mas se fusionaram rapidamente com motivos semelhantes oriundos da África austral. De modo que verificamos no Brasil um fenômeno curioso. De um lado, a religião e o culto, de origem sudanesa (principalmente jeje-nagô) devido à sua importância e desenvolvimento, assimilaram os cultos mais atrasados de procedência bantu, como demonstramos em O negro brasileiro. De outro lado, as instituições sociais, de pro-

---

16 Vide Fernando Ortiz, *Los cabildos negros afro-cubanos*, Havana, 1921.

cedência angola-conguesa, fizeram o trabalho inverso, englobando instituições de origem sudanesa. É o caso da Bahia, com o seu pequeno número de negros bantus, mas apresentando festas populares de franca origem angola-conguesa: cucumbis, festas de reis congos, festejos carnavalescos (estes com a dupla origem aludida, bantu e jeje-iorubana).

Nina Rodrigues referiu-se às festas carnavalescas da Bahia, com os dois grandes clubes já citados e outros menores como *A Chegada Africana*, os *Filhos da África*, etc., que eram ensaiados na Quinta das Beatas, no Engenho Velho, em Santana, Estrada da Soledade, Água de Meninos e, nos dias de carnaval, passeavam por toda a cidade.

Os *Pândegos da África* apresentavam um desfile de carros alegóricos, acompanhados dos negros filiados ao clube, e que cantavam e dançavam ao som de instrumentos africanos. Um dos carros, segundo um jornal diário, transcrito por Nina Rodrigues[17], "representa a margem do Zambeze, em cuja riba, reclinado em imensa concha, descansa o rei Labossi, cercado dos seus ministros Auá, Omã, Abato, empunhando o último o estandarte do clube". Outro carro trazia "dois sócios representando poderosos influentes da corte do rei – Barborim e Rodá. Três cavaleiros precediam a charanga africana que vinha a pé, com os seus instrumentos estridentes e impossíveis". Ainda outro carro representava "a cabana do pai Ajou e sua mulher com o caboré do feitiço, a dar a boa sorte a tudo e a todos". Os negros exibiam ainda seus ídolos e dançavam e cantavam, aproveitando-se da liberdade que lhes concedia o carnaval. "Dir-se-ia – conclui Nina Rodrigues – um candomblé colossal a perambular pelas ruas da cidade."

Lembra Manuel Querino que na cidade de Lagos (Costa dos Escravos) há, no mês de janeiro, uma festa a que dão o nome de *Damurixá* (festa da rainha) onde se exibem indivíduos mascarados. Estes festejos cíclicos da Costa dos Escravos parecem ter sido a influência

---
17 Nina Rodrigues, *op. cit.*, p. 271.

principal no carnaval negro da Bahia. "Em 1897 – continua Querino – fora aqui realizado o carnaval africano, com exibição do *Clube Pândegos d'África*, que levou a efeito a reprodução exata do que se observa em Lagos. O préstito fora assim organizado: na frente iam dois príncipes bem trajados; após estes, a guarda de honra, uniformizada em estilo mouro. Seguia-se o carro conduzindo o rei, ladeado por duas raparigas virgens e duas estatuetas alegóricas. Logo depois via-se o adivinhador à frente da charanga, composta de todos os instrumentos usados pelo feiticismo; sendo que os tocadores, uniformizados à moda indígena, usavam grande avental sobre calção curto. O acompanhamento era enorme; as africanas, principalmente, tomadas de verdadeiro entusiasmo, cantavam, dançavam e tocavam durante todo o trajeto, numa alegria indescritível."[18]

Os clubes carnavalescos de africanos foram diminuindo e hoje já não saem à rua, nos dias de carnaval. Contudo, ainda na Bahia, em 1929, o préstito dos *Pândegos da África* fez uma tentativa de reaparição, após trinta anos de ausência. Os ensaios foram feitos na Lapinha e, na tarde do domingo e da terça-feira de carnaval, saíram à rua, despertando uma enorme curiosidade. Eis como um jornal baiano (*A Tarde*, de 9-2-1929) anunciou a reaparição dos *Pândegos da África*:

> *A Tarde* revolucionou os foliões indígenas, ao noticiar a reaparição, neste carnaval, do grande clube carnavalesco *Pândegos d'África* que, há longos anos, conquistou grandes aplausos. Isto, há trinta anos passados. Os *Pândegos* vão reviver os seus mais belos triunfos.
>
> *O préstito* – Abrirá o préstito uma grande filarmônica trajada a caráter, executando, nos seus clarins e fanfarras, as mais típicas marchas africanas; precedendo o carro-chefe, ver-se-á o arauto, representando Balogum. O carro-chefe puxado por seis cavalos ricamente ajaezados será ladeado por seis lanceiros, vestidos com trajes característicos. No

---
18 Manuel Querino, *A raça africana*, loc. cit., p. 665.

referido carro vem o rei Obá Alaké e o seu séquito. Outros carros seguirão este. Em seguida, virá a guarda de honra e a cavalaria, representando os Jagum-Jagum, guerreiros africanos. Fechará o préstito uma afinada charanga composta de doze músicos.

Um festejo carnavalesco, onde vamos encontrar completa fusão de traços totêmicos, esfacelamentos de autos dos congos, com os seus reis e rainhas, a sua embaixada, sobrevivências de religião negra, com os seus fetiches ao lado da devoção a Nossa Senhora do Rosário... são os maracatus do Nordeste.

Acredita Mário de Andrade[19] que a palavra "maracatu" seja de origem tupi derivada de *maracá*, conhecido instrumento idiofone de origem ameríndia, e *catu*, bom, bonito, de onde *maracá-catu* (síncope: *maracatu*), o instrumento bonito, é, por extensão, a dança bonita. É uma suposição interessante e digna de registro. Convém lembrar, no entanto, que a palavra poderia ser uma última corrutela de antiga voz bantu, dos povos do Congo ou da Lunda. Não tenho elementos para essa pesquisa, no momento; mas é curioso registrar que, no Nordeste, é comum a expressão *maracatumba*, onde a origem bantu é quase comprovada. A raiz *tumba*, com efeito, aparece numa série de palavras bantus (*mutumba*, aljava; *ntumba*, casa privada; *kutumba*, ostentar-se, vangloriar-se, de onde *cutuba*, bonito – "eta bicho cutuba!" –; *mutumbi*, animal morto, cadáver, etc.). Num coco nordestino cantam assim:

> No tempo de meu marido, Mariquita
> Era um saco de farinha assim
>
> Agora que não tenho ele, Mariquita,
> É um saco de farinha assim
>
> Atum maracatumba tumba tumba

---

19 Mário de Andrade, "Maracatu", *O Espelho*, Rio de Janeiro, junho de 1935.

O maracatu é uma legítima tradição pernambucana, onde o motivo principal aparente consistia num desfile, numa embaixada em homenagem a reis africanos, resto das antigas festas de coroação de reis congos, e agora apenas sobreviventes na época do carnaval, associadas a outros elementos de franca característica totêmica.

Pereira da Costa[20] fez-nos uma descrição desse festejo:

> Rompe o préstito um estandarte ladeado por archeiros, seguindo-se em alas dois cordões de mulheres lindamente ataviadas, com os seus turbantes ornados de fitas de cores variegadas, espelhinhos e outros enfeites, figurando no meio desses cordões vários personagens, entre os quais os que conduzem os fetiches religiosos – um galo de madeira, um jacaré empalhado e uma boneca de vestes brancas com manto azul –; e logo após, formados em linha, figuram os dignitários da corte, fechando o préstito o rei e a rainha.
>
> Estes dois personagens, ostentando as insígnias da realeza, como coroas, cetros e compridos mantos sustidos por caudatários, marcham sob uma grande umbela e guardados por archeiros.
>
> No coice vêm os instrumentos: tambores, buzinas e outros de feição africana, que acompanham os cantos de marcha e danças diversas com um estrépito horrível.
>
> O canto de marcha entoado por toda a comitiva com o fragoroso acompanhamento dos instrumentos consta de uma toada acomodada ao passo, com letra de repetição constante, como se vê da seguinte, que consignamos como tipo da feição particular dessas toadas:

> Aruenda qui tenda, tenda
> Aruenda qui tenda, tenda
> Aruenda de totororó.[21]

---
20 Pereira da Costa, *loc. cit.*, p. 207.
21 Podemos identificar nestes versos expressões bantus como: *Aruenda*, que me parece uma corrutela de Loanda, capital de Angola (há ainda as corrutelas *Aloanda* e *Aroanda*. Vide *O negro brasileiro*, p. 98); *qui tenda*, que pode derivar-se de *kutenda*, louvar, adorar.

Acrescenta Pereira da Costa que o mais rico, o mais famoso dos antigos maracatus era o denominado *Cabinda Velha*, com o seu estandarte de veludo bordado a ouro, as vestes de ricos tecidos de seda e de veludo, as rendas finíssimas, os colares de miçangas, etc.

Diz-nos Gilberto Freyre[22] dos nomes de outros grandes maracatus: *Leão do Norte, Cabinda Nova, Pavão Dourado, Estrela Brilhante, Leão Coroado, Oriente Pequeno...*

Os negros de *Cabinda* cantavam assim:

> Se o Recife fosse meu
> Eu mandava ladriá
> Com pedrinha diamante
> Pra Cambinda passeá

Os de *Leão do Norte* cantavam diferente:

> Isso é um a, é um b, é um c
> Isso é um c, é um b, é um a
> Viva o chefe de poliça
> E o prefeito do lugá

O cortejo real destinava-se à igreja de Nossa Senhora do Rosário, diante da qual era obrigatória a parada, entoando os negros versos dedicados à padroeira do Rosário e a São Benedito.

Não insistiremos sobre os motivos existentes nos maracatus, elementos sobreviventes de várias instituições e já explicados: o motivo da coroação dos reis, da embaixada, os elementos totêmicos e religiosos, as confrarias e ranchos, etc.

Apenas uma última nota sobre a boneca carregada por uma das personagens dos maracatus, a Dama do Passo, e à qual chamam de Calunga. Acha Mário de Andrade que o termo "calunga" quer dizer *Senhor, Chefe Grande* em vários dialetos bantus, e também *Deus*, em

---

22 Gilberto Freyre, *Guia prático, histórico e sentimental da cidade do Recife*, 1934.

virtude de uma confusão político-religiosa. Daí, o concluir que a boneca Calunga seja "por assim dizer o cetro, o distintivo do rei que vai no cortejo, ao mesmo tempo que um elemento de religiosidade"[23].

Não me parece que seja esta a exata explicação. Os maracatus apresentam aspectos de sobrevivência não só histórica, como ainda totêmica e religiosa. Ao lado de reis, rainhas, embaixadores, figuram animais totêmicos (galo, jacaré...) e figurariam, igualmente, símbolos-fetiches religiosos. É o caso da Boneca Calunga. Calunga é um deus entre os povos bantus, o mar para os angola-congueses[24]. Ainda hoje, nas macumbas cariocas, de procedência bantu, cantam os negros:

> Ê vem, ê vem
> A rainha do mar
> Vamos salvar
> Ó Calunga!
> A rainha do mar.

Mas, no Congo e em Angola, o fetiche ou iteque de Calunga é uma figurinha de madeira, representando um pequeno boneco. É por esse motivo que, no Brasil, a palavra "calunga" passou, no uso popular, a ter a significação de boneco. Os próprios negros do maracatu, que chamam a sua boneca de Calunga, já não sabem por que o fazem, ficando esquecida no inconsciente a primitiva significação de Calunga, um deus. Há ainda a notar que, entre os jeje-iorubanos, os orixás não devem ser confundidos com os ídolos, esculturas de madeira, apenas usados nos afoxés ou festas profanas, embora haja, em nossos dias, uma tendência à gradual identificação de uns aos outros. Entre os bantus, porém, os iteques são os próprios fetiches e, no iteque do Calunga, o pequeno boneco de madeira, eles adoram o próprio deus do mar. Explica-se desta ma-

---
23 Mário de Andrade, *loc. cit.*
24 Vide Arthur Ramos, *O negro brasileiro*, *cit.*, pp. 84 ss.

neira o engano a que foi levado Mário de Andrade, aplicando à boneca Calunga dos maracatus o mesmo raciocínio que a um orixá sudanês. Entre os jejes-iorubanos, de fato, o ídolo é um "objeto de excitação" conduzido pelo feiticeiro ou crente, não devendo ser confundido com o deus, o orixá ou o fetiche. Mas entre os bantus o iteque é o fetiche, o boneco é o calunga e o Calunga é um deus.

Os maracatus, portanto, não festejam apenas sobrevivências históricas e totêmicas. Festejam religião. Aproveitaram-se do carnaval, iludiram a perspicácia dos brancos opressores e festejaram os seus reis, as suas instituições, a sua religião. E entre os seus deuses, adoraram Calunga, um dos maiores, um motivo universal, o deus do mar e das águas.

CAPÍTULO IV | A sobrevivência totêmica: o ciclo do boi

Aos autos populares estudados nos dois capítulos precedentes, juntou-se um ciclo temático de importância essencial, na formação dos reisados – o tema do boi.

Este ciclo do boi reconhece três origens: européia, ameríndia e africana. Reisados e bichos, aliás, constituem velhas tradições européias, cujo estudo, no esmiuçar de origem, nos arrastaria fora da alçada do presente trabalho. Nos velhos autos peninsulares de Natal, os bichos eram personagens obrigatórias. De outro lado, os reis destes festejos têm várias origens – desde os reis magos da tradição cristã, até os reis históricos dos brinquedos peninsulares, sobreviventes nos autos populares, e os reis africanos do ciclo dos congos.

Dos autos populares brasileiros em que figura o boi, como figura central, o mais típico, o mais geral, é o bumba-meu-boi. Mas é um erro filiá-lo apenas à tradição natalesca do boi do presepe e ao ciclo dos vaqueiros de origem cabocla.

De fato, há um ciclo dos vaqueiros, no sertão do Nordeste, como um fenômeno geral de romances heróicos ligados aos povos pastoris. Sílvio Romero[1] já havia colhido alguns desses romances do boi, o *Rabicho da Geralda*, o *Boi-Espácio*, a *Vaca do Burel*, a que

---

1 Sílvio Romero, *Cantos, cit.*, pp. 66 ss.

Rodrigues de Carvalho[2] acrescenta o *Boi Vítor*, o *Boi Pintadinho* e o *Boi Adão*, e Gustavo Barroso[3] o *Boi Moleque*, o *Boi Misterioso*, a *Vaquejada*, o *Novilho do Quixeló* e outros autos que ele filia ao tema cíclico dos vaqueiros como a *Onça do Sitiá*, a *Onça do Craxatu* e a *Onça Maçaroca*.

De outro lado, o boi é a figura obrigatória de velhos autos populares de origem européia e a sua origem é recuada, perdendo-se na noite densa da história e da lenda. É possível que a sobrevivência egípcia do boi Ápis seja aí o elemento predominante. Depois, as pastorais gregas, os autos medievais, os romances peninsulares, onde a sobrevivência se manteve. Alguns eruditos, por exemplo, acham que o bumba-meu-boi seja uma variante do *Monólogo do vaqueiro* que Gil Vicente fez representar em Portugal, a 8 de junho de 1502, nos paços do Castelo de D. Maria, para festejar o nascimento do príncipe D. João[4]. Gil Vicente aproveitou-se do motivo mítico do Touro, símbolo zodiacal, que festejava o começo do ano solar, e o poder fecundante do sol. Estas festas solares do ciclo das janeiras chamam-se na península Festas do *Aguinaldo*, isto é, *Boi-nascido*, *Agui-naldo* (*Agnus natus*). O *Monólogo do vaqueiro* foi uma estilização das danças do Aguinaldo, e Gil Vicente quis assim comparar o príncipe recém-nascido ao Menino-Deus, transformando a câmara da rainha em presepe.

Já Artur Azevedo, numa curta descrição do bumba-meu-boi[5] lembra a mascarada parisiense do *boeuf-gras*, restabelecido em França por Bonaparte, acrescentando que até o século XVIII o boi fazia a sua passeata anual pelas ruas de Paris, indo o cortejo dançar e cantar às portas das casas, como fazem hoje os nossos ranchos. Mas não será preciso buscar esta ou aquela origem européia para esse motivo

---

1 Sílvio Romero, *Cantos*, cit., pp. 66 ss.
2 Rodrigues de Carvalho, *Cancioneiro*, cit., pp. 104 ss.
3 Gustavo Barroso, *Ao som da viola*, cit., pp. 297 ss.
4 Vide Guilherme de Melo, *A música no Brasil*, cit., pp. 60 ss.
5 Artur Azevedo, *O bumba-meu-boi*, Kosmos, janeiro de 1906.

do boi. Este é uma sobrevivência geral do paganismo e, como outras sobrevivências, incorporou-se ao catolicismo popular da Europa. Há todo um folclore cristão, de origens pagãs, e os eruditos da etnografia comparada têm abordado exaustivamente o assunto.

Contudo, não nos bastam as origens ameríndia e européia para a explicação etiológica do bumba-meu-boi. O africano trouxe uma contribuição, a meu ver fundamental. Já mostrei, em *O negro brasileiro*, que o totemismo do boi é largamente disseminado entre vários povos bantus. Por ocasião das colheitas, os Ba-Naneca, por exemplo, prestam verdadeiro culto a um boi, a que chamam de Geroa, e que é conduzido em procissão no meio de cânticos e danças. Vemos aí o mesmo motivo da fecundação ligado ao mito zodiacal do Touro. Ainda entre os bantus, cada chefe de família tem um boi protetor objeto de culto[6].

Todos esses elementos se misturaram, originando o curioso auto de que nos ocupamos. O bumba-meu-boi é dançado em todo o Nordeste brasileiro, sendo muitas as suas versões. Já transcrevemos em *O negro brasileiro* a versão de Pereira da Costa, ampliada, de Sílvio Romero que me parece uma das mais completas.

Em Alagoas, festejam o bumba-meu-boi no período das festas de Natal, até o dia de Reis. As personagens são: o boi, arcabouço de madeira, coberto de chita vermelha, representando o corpo do boi e a respectiva cabeça com os chifres; essa armação é carregada por um indivíduo que lhe fica por baixo, oculto; o Mateus, vestido de vaqueiro, é armado de uma vara com ferrão para vaquejar o boi; o Rei e o Secretário de sala, trazendo capas e calções, capacetes dourados e espadas; e mais, o Doutor, a Catarina, o Padre, o Vaqueiro e outras figuras secundárias. O Mateus vai na frente conduzindo o préstito e gritando:

Ê boi! Ê boi!...

---
6 Vide A. F. Nogueira, *A raça negra*, cit., pp. 288 ss.

Passam nas portas de amigos e conhecidos, cantando:

> Abris a porta
> Se quereis abrir
> Que somos de longe
> Queremos nos ir

Pára o préstito e começa a função. Inicia-se um longo diálogo entre o Rei e seu Secretário de sala, findo o qual o Secretário canta uma série de curiosos versos dos quais só me lembra o refrão, que aliás indica a sua franca procedência africana-bantu:

> Oia bamba!
> Oia bamba bambirá!

Depois de grande número de cenas, surge o motivo principal. O vaqueiro (em alguns, brinquedos, a sua função confunde-se com a do Mateus) entra conduzindo o boi e cantando versos que são respondidos pelo coro:

> Ê bumba!

A certa altura, o Mateus bate no boi e este morre. O Vaqueiro grita, encolerizado:

> O meu boi morreu
> Quem matou foi Mateus

Em alguns autos, tem lugar aqui o testamento do boi, cantado pelo Vaqueiro. Numa versão de Guilherme de Melo[7], os versos são os seguintes:

---

[7] Guilherme de Melo, *op. cit.*, p. 64.

Eu fui ver na cabeça
    Eh! bumba!
Achei ela bem lefa
    Eh! bumba!

Eu fui lá na ponta
    Eh! bumba!
Ele de mim não fez conta
    Eh! bumba!

Eu fui ver no pescoço
    Eh! bumba!
Achei ele bem torto
    Eh! bumba!

Eu fui ver nas apá
    Eh! bumba!
Não achei nada lá
    Eh! bumba!

Eu fui ver lá na mão
    Eh! bumba!
Não achei nada não
    Eh! bumba!

Eu fui ver nas costelas,
    Eh! bumba!
Não achei nada nelas
    Eh! bumba!

Eu fui ver no vazio
    Eh! bumba!
Achei o boi bem esguio
    Eh! bumba!

>   Eu fui ver no chambari
>   Eh! bumba!
>   Não achei nada ali
>   Eh! bumba!
>
>   Eu fui ver no mocotó
>   Eh! bumba!
>   Andei bem ao redó
>   Eh! bumba!
>
>   Eu fui ver na rabada
>   Eh! bumba!
>   Não achei ali nada
>   Eh! bumba!
>
>   Eu fui ver no espinhaço
>   Eh! bumba!
>   Achei tudo em vergaço
>   Eh! bumba!

Nesta versão de Guilherme de Melo, o Vaqueiro canta estes versos para ver se reanima o boi morto e de fato o consegue, pois no fim da cantoria o boi levanta-se, ressuscitado. Em outras versões, porém, trata-se de um verdadeiro testamento das partes do corpo do boi, como nestes versos que ouvi em Alagoas (Pilar) e que são cantados não mais pelo Vaqueiro, mas pelo Doutor, chamado a ver o boi:

>   O couro do boi
>   Xaxou!
>
>   A rabada
>   É pra meus camarada
>
>   E o mocotó
>   É pra seu Jacó

Um pé com uma mão
É pra seu Capitão

A tripa fininha
É pra minha rainha

Os panos do fig(ad)o
É pra meus amigo

E o bofe
É pra caixa de fosque (fósforo)

A testa do boi
É pra Mateu e o Paiaço

A ponta do janeiro
Pra fazer um tabaqueiro

E a passarinha
É pra minha rainha

O figo do boi
É pra vocês dois

O rim
Isso eu não quero pra mim

Já vendi o janeiro
Xaxou!

E a tripa gaiteira
É pras moças solteira

A chã-de-dentro
É pra seu Ventania

O debuio do fato
É pra seu Anastaço

O quarto dianteiro
É pra seu Monteiro

O quarto de cá
É pra seu Rosalvo

E a titela
É pra véia Manuela

A costela miudinha
É pra sinhá Naninha

A cantoria segue monótona por aí além, dependendo a sua extensão do número de pessoas da assistência. O Doutor vai distribuindo as partes do boi às pessoas conhecidas da localidade, citando-as pelos respectivos nomes, em versos que são improvisados na ocasião, como os exemplificados acima. O boi, mesmo assim depois de morto e distribuído em testamento, ressuscita e levanta-se. Isto, portanto, é o motivo temático do auto: um boi, que é festejado no meio de cantos e danças, a certa altura morre e logo depois ressuscita.

O bumba-meu-boi não apresenta, porém, a simplicidade cênica da versão que ficou descrita. As personagens multiplicam-se, variando conforme a região onde é festejado. Na versão de Sílvio Romero e ampliada por Pereira da Costa, nós vemos o Cavalo-marinho[8], o Capitão-do-mato, o Arlequim (*Arlecchino* dos autos populares italianos), o Sebastião e o Fidélis, o Doutor, o Padre, Catarina, o Vaqueiro, o Boi...

---

8 O cavalo-marinho não é mais do que o *hipopótamo*, chamado *Anguvo*, entre os lundas. Chamam-no "cavalo-marinho" por ter as orelhas parecidas com as do cavalo e por pertencer ao grupo dos anfíbios, ocultando-se na água dos rios e lagos, quando perseguido nas caçadas.

Já Rodrigues de Carvalho descreveu personagens como as oito damas com seus oito galantes, o Mateus, o Gregório, a Velha, o Doutor, o Urubu, o Caipora, a Zabelinha ou Cavalo-marinho, acrescentando que, na Paraíba, em vez do Doutor, entram a Velha, o Gregório (tipo do caboclo), o Mateus que representa o africano, e o Caipora, indígena, que é representado por um menino embrulhado em lençóis com uma urupema à cabeça[9].

Na versão colhida por Gustavo Barroso[10], no Ceará, a complicação cênica atinge o auge. E aqui nós vemos a fusão evidente dos três folclores, europeu, ameríndio e africano, pela simples enumeração das personagens do auto: Capitão ou Cavalo-marinho, Vaqueiro, Mateus, negro escravo, Sebastião, caboclo escravo, Valentão ou Capitão-de-mato, Mané Gostoso ou feiticeiro, Galante, menino, filho do capitão, Arrelequinho (corrutela de Arlequim), Pastorinha, menina, irmã do Capitão, Fazendeiro rico, Zabelinha, personagem muda, à garupa do Capitão, representada por uma boneca, Catarina ou Catita, negra escrava; Doutor-cirurgião, Padre-capelão, Sacristão, Advogado, Sinh'Aninha, uma negra bêbeda, duas damas, fiscal municipal, cinco índios emplumados, três caiporas, Zé do Abismo, o Privilégio, o boi-surubi, as emas, o urubu. Isso mostra o gênio inventivo do mestiço brasileiro, acrescentando, por sua conta, ao número das personagens clássicas de um auto popular, figuras locais em cima de quem ele despeja todo o humor satírico, em festas públicas onde a censura social não pode intervir. Mas é numa versão pernambucana colhida por Samuel Campelo[11] que vamos encontrar mais destacada a influência africana, com suas personagens da escravatura: o Capitão, dono do terreiro, senhor do engenho, o Mateus e o Bastião, negros, crias do engenho, as Cantadeiras, que o autor compara a mucamas ou escravas do eito, o Capitão-do-mato, perseguidor de escravos fugidos, a Negra da garrafa, o mestre Domingos; personagens totê-

---

9 Rodrigues de Carvalho, *op. cit.*, pp. XV ss.
10 G. Barroso, *op. cit.*, p. 256.
11 Samuel Campelo, *loc. cit.*

micas e entidades fantasmais (com influências ameríndia e européia) como o Babau, a Ema, a Burrinha Calu, o Sapo, o Morto carregando o Vivo, a Cobra Verde, o Diabo, além das outras personagens de origem puramente européia e ameríndia.

O auto do bumba-meu-boi misturou-se a outros festejos populares do ciclo do Natal, principalmente aos congos e pastoris, originando esta riqueza de autos dramáticos do Brasil, filiados ao ciclo geral dos reisados. O que caracteriza estes reisados é a sua indefectível terminação com a cena da morte do boi, do auto, às vezes com o auto inteiro, figurando, portanto, o boi, como a figura central do brinquedo. Ainda nos reisados, é preciso destacar, como lembra Guilherme de Melo[12], a influência das antigas festas francesas do século XVI, onde se faziam eleições populares do rei e da rainha, tradição a que se dava o nome de *reinages*. É o que ainda hoje se faz em muitos festejos populares, com a coroação de rainhas de várias classes – *rainhas de estudantes, rainhas dos empregados do comércio, das praias de banho*, etc. –, festas que hão de ficar como uma sátira aos passados fastos da realeza. "Reis" e "Rainhas" de carnaval...

Tudo isso misturado deu os reisados. Há, no Nordeste, vários destes reisados como os do *Seu Antônio Geraldo*, do *Mestre Domingos*, do *Pica-Pau*, do *Calangro*, do *Caipora*, do *Zé do Vale*, da *Cacheada*, que se terminam todos pelo motivo central do bumba-meu-boi[13].

Os atuais reisados e guerreiros do Nordeste são hoje o resultado daquela mistura referida. O auto dos guerreiros, por exemplo, que colhi recentemente em Alagoas, é uma resultante de elementos dos congos e caboclinhos (auto ameríndio correspondente), autos europeus peninsulares (reis mouros, etc.), pastoris e festas totêmicas de origem africana e ameríndia, e, como elemento temático dominante, o bumba-meu-boi.

---

12 Pereira de Melo, *op. cit.*, p. 54.
13 Vide Sílvio Romero, *op. cit.*, pp. 172 ss.; Melo Morais Filho, *op. cit.*, pp. 196 ss.; Pereira de Meio, *op. cit.*, pp. 55, 67 ss., etc.

As personagens do auto dos guerreiros são as seguintes: Mestre (orientador da peça), Contramestre (ajudante), Rei dos guerreiros, Rei dos caboclos, General, 1º Embaixador, 2º Embaixador, 1º Contraguia, 2º Contraguia, Índio Peri, Rainha, Estrela, Lira, Sereia, Borboleta, Caboquinho, Governador, Mateus, Velho, Dançador de "entremeio" (entremez), Palhaço, Boi, Vassalos dos guerreiros, Vassalos de Peri.

O auto consiste na luta entre os dois partidos, dos guerreiros e dos caboclos, entremeada de uma quantidade de cenas, onde várias personagens se sucedem cantando as suas respectivas peças: peça da Sereia, peça do Velho, etc. (O Mestre, de apito na boca, vai mostrando a sucessão das *peças*, ajudado pelo Contramestre.). Há uma troca de embaixadas, que anunciam a luta entre os dois partidos, cujo fim é a morte da lira. Não há seqüência lógica nas várias partes deste auto, que é interrompido pelos "entremeios", espécie de pausas no enredo, visando distrair a assistência. O brinquedo termina com a cena da morte do boi, tirada do auto do bumba-meu-boi.

Começa o auto pela peça do Índio. Fala o Índio Peri:

> Vai falar meu vassalo
> Aquela fonção guerreira
> Já está chegada a hora
> De eu ser prisioneiro

O Vassalo dos índios dirige-se aos guerreiros e trava diálogo com o General:

> Vas. – Quem é aqui seu Generá?
> Gen. – Pela divisa verá
> Vas. – Seu generá, forte rei valente da Turquia, mandou dizer que tem força pra combatê a Turquia.
> Gen. – Que força tem vós?
> Vas. – Tem o exército todo
>   Com toda a cavalaria

O Vassalo canta:

    O nosso índio Peri
    Ele é forte e ligeiro
    Ele é muito estimado
    Nesta nação de guerreiro

Mestre (para o Índio Peri):

    Peri guerreiro valente
    Quero sabê a sua ação
    Entrasse no meu combate
    Brigasse com a minha nação

Índio Peri (cantando):

    Entrei em seu combate
    Brigá com a sua nação
    Ordem quem me deu
    Foi o Mestre desta fonção

    Sou Índio e sou valente
    Que as minhas nação são forte
    Mais veloz do que o vento
    Laço tudo quanto eu quero

    Que a bala dessa minha carabina
    Não há distância para ela
    Sou índio e sou valente
    Que as minha nação são forte

    Que eu dou combate por este mundo
    Entre o Sul e entre o Norte
    Que a flecha do meu arco
    É mais veloz do que o vento

> Sou índio e sou valente
> Que no mundo já tenho fama
> Já dei a minha embaixada
> Quero ter guarda de honra

Dá-se uma luta entre os caboclos e os guerreiros, finda a qual volta a cantar o Índio Peri:

> O guerreiro desse Estado
> De mim não faz zombaria
> Quem me vê andá chorando
> Adeus até outro dia

O Mestre apita e dá por terminada a peça do Índio. Há um entremeio, com cânticos de louvação a pessoas da assistência, e que dura alguns momentos, findos os quais o Mestre dá o aviso da peça da Estrela-de-ouro.

Mestre (cantando):

> Às seis horas o sol se escondia
> As estrela toda alumiava
> A lira estrela de ouro
> Eu dou viva à estrela d'alva

Aparece a estrela de ouro que dá início aos seus cânticos, respondidos pelo coro:

> Eu sou a Estrela-de-ouro
> E todos me presta atenção
> Que aqui nesse salão
> A minha parte é aprovada
>
> Eu sou a Estrela-de-ouro
> Boa-noite eu venho dá
> Quero sabê se aqui festeja
> Hoje é noite de Natá

Eu sou a Estrela-de-ouro
Com prazer e consolação
Quero sabê se aqui festeja
A Virge da Conceição

Eu sou a Estrela-de-ouro
Com prazer e alegria
Quero sabê se aqui festeja
Jesus, filho de Maria

Essa noite eu saí fora
Quando eu vi quilariá
Era a Estrela-de-ouro
Que já vai se arretirá

Depois de outra pausa de entremeio, vem a peça da Borboleta. Canta a Borboleta:

Boa-noite, meus senhores
Boa-noite venho dá
Eu sou a Borboleta
Estou dentro do arraiá

Eu sou uma Borboleta
Que venho lá do sertão
Ando no meio da sala
Com as asas no chão

Eu sou uma Borboleta
Sou linda, sou feiticeira
Ando no meio da sala
Percurando quem me queira

Eu sou uma Borboleta
Que venho lá da Capela
Ando no meio da sala
Com as minhas asas amarela

Canta a Estrela-de-ouro:

> Te arretira Borboleta
> Que são horas de segui
> Entre a flor e açucena
> Braboleta vai dormi

Vem outro entremeio, com a aparição de personagens, fingindo urso, lobisomem, etc., com danças e piruetas imitativas. Surge a Sereia:

> Boa-noite a todos
> Queira apreciá
> Que eu sou a sereia
> Que eu sou a sereia
> Das ondeas do má
>
> Meus cabelo é grande
> De ouro e metá
> Tira os cacho dela
> Para o meu Generá
>
> Senhores e senhoras
> Queira adisculpá
> Que eu sou a sereia
> Vou me arretirá

O mestre canta a despedida da sereia:

> A sereia cantou no má
> Ou na proa deste navio
> Eu só comparo meu amô
> Com um gaio de maravia

A sereia cantou no má
Ou na proa da barca bela
Eu só comparo meu amô
Ou com gaio de rosa amarela

A sereia cantou no má
Ou na proa da barca formada
Eu só comparo meu amô
Ou com gaio de rosa encarnada

Há um novo entremeio e desta vez figura-se a luta do Mateus com o Capitão-do-campo. Canta o mestre:

Óia a passage
Do sol pela lua
Capitão-do-mato
Já anda na rua

Surge o Capitão-do-campo, que vai pegar negro fugido, enquanto o coro entoa:

Capitão-do-mato
Já anda na rua

Mas o Mateus vai defender os negros e, depois de uma luta com o Capitão-do-campo, subjuga-o e mete-lhe o pau.

Vem a peça do Velho Messias, que aparece, de grandes bigodes e barbas brancas, curvado, trôpego, enquanto o coro rompe os cânticos:

Ó que estrela tão brilhante
Que alumeia noite e dia
Vamo festejar, ó guerreiros
Vamos adorar o Messia

Velho:

> Como passarei no mundo
> Sem prazer e alegria

Coro:

> Festejando os guerreiro
> Adorando o velho Messia

Velho:

> São três castanhas assada
> E um copo de aguardente
> No meio destas menina
> Quem é velho fica quente
>
> Eu sou um velho caduco
> Rendido das cadeira
> No meio destas menina
> Já me dói as cataneira
>
> O triato pegou fogo
> Pelo lado de detrás

Coro:

> As menina vão dizendo
> Velho não regula mais

Velho:

> Ai tenham dó
> Ai tenham dó
> Ai tenham dó
> Do meu pená

Após novo entremeio com o Velho cangaceiro e o Velho Anastácio, prepara o Mestre a peça da Lira, a cena principal do auto, onde há uma série de diálogos, conspirações, etc., cujo resultado é a morte da Lira. O mestre canta o "aviso":

>Essa noite eu tava sonhando
>Mas acordei pensando o que havera de ser
>Um coisa no mei desta sala
>Na mão do vassalo a Lira vai morrer

Coro:

>Tou creando que em toda a cidade
>Só há falsidade eu acabei de crer
>Pode dizer que não é mentira
>Console-se Lira, tudo isto é sofrer

Canta a Lira:

>Vou pedir a todas figura
>Todas as criatura tenham pena d'eu
>Meu Mateus tá de parte vendo
>Adespois tá dizendo que a Lira morreu

Fala o Mestre para o Rei dos guerreiros:

>Rainha em sua corte
>De quando em quando suspira
>Avise por telegrama
>Querem matar nossa Lira

Diz o Rei:

>Nossa Lira não se mata
>Só se Deus não me ajudá

> Mas se Deus me ajudá
> Se acabá o mundo em fogo
> Acabo com esse arraiá
> Se matarem a minha Lira
> No canto que eu dominá

Aparece o Palhaço trazendo também o seu aviso:

> Ó minha Lira, minha Lira
> Aviso venho lhe dá
> Caboquinho da festa
> Tá pronto pra lhe matá

Responde a Lira:

> Não há nada meu Palhaço
> Devemo nos aconsolá
> Com prazer e alegria
> Hoje é noite de Natá

Surgem os caboclos, armados de arco e flecha, num grande séquito, dançando, alguns de máscaras, outros cantando:

> Vamos matar nossa Lira
> Antes que ela chegue ao porto
> Eu não quero duas rainha
> Nesta aldeia de caboco

O Caboclo principal ajoelha-se e distende a flecha no arco, em direção à Lira. Esta, atemorizada, implora:

> Não me matais Caboquinho
> Eu dançando nesta festa
> Que eu dançando nesta aldeia
> Caboquinho de arco e flecha

Caboclo:

> Não te mato ô minha Lira
> Se vós casar comigo

Lira:

> Eu não sou tua mulhé
> Nem vós será meu marido
> Que no meio desta aldeia
> Vós será meu inimigo

Caboclo:

> Se comigo não casá
> Eu hoje te matarei

Como a Lira não acede aos seus desejos, o caboclo mata-a. O Mestre entoa o cântico fúnebre:

> Ô Morte que matais a Lira
> Ô matais a mim que sou teu
> Matai-me da mesma morte
> Ô que a minha Lira morreu

E o coro, repetidas vezes:

> Ô Morte que matais, etc.

O brinquedo termina, como já dissemos, pela cena do Boi: canto do Vaqueiro, morte do Boi e sua ressurreição.

Não será preciso insistir demasiado sobre a significação das festas populares de origem totêmica. Já lhe consagramos em *O negro brasileiro* todo um capítulo. Lembramos que, psicanaliticamente, o animal-totem é o símbolo do Pai. O pai primitivo, morto pela horda rebelde, e substituído pelo filho herói, na fase do matriarcado (ciclo das rainhas), volta divinizado depois do sacrifício do filho, mas metamorfoseado em animal protetor do clã. Vimos, nos clubes e ranchos totêmicos, que o animal-totem é para eles um símbolo de proteção. E a organização fechada destes ranchos, a proibição de os seus filiados se dirigir a outros ranchos, evoca a significação clânica, o tabu da exogamia, a proibição de um contato (aqui não mais sexual, porém sublimado) com os membros de outro rancho clã.

Mas é no auto do bumba-meu-boi que os complexos totêmicos se mostram com mais evidência. Já mostramos que, nesse festejo, a morte do boi (pai) é o *leitmotiv*. Os filhos matam o pai. Sentimento de culpa conseqüente. Fases de lutas e confusões, entrevistas nos autos, nas cenas em que os partidos se degladiam. O filho herói assume a responsabilidade da culpa. Esta fase heróica exprime todo um ciclo, entremostrado nos autos populares, nas lutas do matriarcado. É o ciclo das mães (Rainha Ginga, Sereia, Lira…). Mas esta fase tem de acabar (morte da Lira…) para ceder lugar ao pai assassinado que volta redimido (ressurreição do Boi).

O auto do bumba-meu-boi, como uma volta do recalcado, e função do *princípio de repetição*, exprime a mesma coisa que as festas cíclicas do sacrifício. O negro africano guardou no inconsciente estas festas rituais e, pelo princípio de repetição, expandiu-as periodicamente nos festejos populares que encontrou no novo *habitat*.

Será preciso repetir que o testamento do boi é um repasto totêmico? Repasto de que todos participam. Cada um vai comer um pedaço do pai:

    A rabada
    É pra meu camarada
    Um pé com uma mão
    É pra seu Capitão, etc.

Após esta comunhão simbólica (velho tema de todas as religiões!), todos se redimem. Desaparece o sentimento de culpa. Cessam o luto e a dor. O Pai está redimido. E o totem todo-poderoso desce sobre o grupo, envolvendo-o num amplexo de proteção. E ninguém mais do que o negro oprimido e explorado tinha necessidade dos seus clãs e dos seus totens protetores. Ranchos, clubes, confrarias, mocambos e quilombos... Temos aqui toda uma sociologia do negro brasileiro.

CAPÍTULO V | A sobrevivência da dança e da música

A dança e a música que os africanos introduziram no Brasil tiveram uma origem religiosa e mágica. Surgiram dos templos fetichistas e das cerimônias rituais da vida social. A arte primitiva não é uma arte pura, "arte pela arte", no sentido que lhe dão os civilizados. É uma arte interessada, ligada intimamente à vida da tribo. A música e a poesia, intrinsecamente ligadas ao gesto e à dança, saem da encantação mágica, nos ritos religiosos e sociais. Constituem a linguagem oral e mímica do primitivo. *Encantar* e *cantar* reconhecem a mesma origem, lembra Combarieu[1]. *Charme*, encanto, vem do latim *carmen*, verso destinado a ser lido. *Ode* vem do grego *odé*, canto, forma contraída de *aoide* (de onde se formou *aedo*). As encantações da magia oral dos assírios eram chamadas *zammeru*, da raiz *zamaru*, cantar. No Avesta há os poemas sagrados *Gathas*, que significam *cantos, coisas cantadas.*

O primitivo *cria* pela voz e pelo canto, ajudados do gesto e da dança. A música envolve toda a sua vida. E por essa linguagem *mágica* ele "participa" do espetáculo cósmico. Pelo canto mágico, ele se comunica com as suas divindades e age sobre os homens, os animais, a natureza, enfim.

---
1 J. Combarieu, *Histoire de la musique*, Paris, 1913, t. I, p. 7.

A legenda de Orfeu simboliza esta função primitiva da psique humana – o canto empregado nos ritos de encantação. O feiticeiro das selvas africanas expulsa os espíritos, com cantos mágicos e danças cerimoniais. E, nos desígnios mágicos, verificamos as várias funções do canto, que Combarieu exemplifica, com luxo de dados e bibliografia[2]: a encantação como meio de comunicar com os espíritos; o canto mágico empregado para domar os animais (Orfeu); cantos mágicos para obter chuva e bom tempo, associados a cerimônias sobreviventes nas procissões e orações populares de vários povos – *ad petendam pluviam* e *ad petendam serenitatem*; cantos de amor, cantos ligados aos "ritos de passagem", no sentido de Van Gennep (nascimento, puberdade, casamento, morte...); cantos mágicos para vários atos da vida tribal, para a consecução de fins especiais; cantos ao serviço da cólera ou da vingança; cantos que têm o poder de ressuscitar os mortos, evocar fantasmas, expelir demônios e maus espíritos...

Da mesma forma que o canto, a dança com o qual se acha organicamente unida. A dança primitiva é imitativa. Ela procura reproduzir a figura e os movimentos dos seres e das coisas, reais ou imaginários, objetos do culto mágico. As *cerimônias* do primitivo são atos mágicos pelos quais ele se põe em contato com as suas divindades, com os seres humanos ou animais sobre que deseja agir[3]. A cerimônia *Intichiuma* dos *Arunta*, tão bem descrita por Spencer e Gillen, é um exemplo clássico. As danças imitativas de animais, as "danças de máscara", os rituais de caça, de pesca, as danças guerreiras, as danças de amor e sedução... todas elas associadas à música, são atos mágicos, instituições tribais, cerimônias interessadas por intermédio das quais o primitivo *age* sobre as potências visíveis e invisíveis.

Os povos africanos que forneceram escravos para o Brasil tinham também essas instituições. A dança afro-brasileira originou-

---

2 *Id., ibid.*, pp. 15 ss.
3 Vide Lévy-Bruhl, *Les fonctions mentales dans les sociétés inférieures*, Paris, 1922, pp. 261 ss., e *Le surnaturel et la nature dans la mentalité primitive*, Paris, 1931, pp. 109 ss.

se das cerimônias religiosas e dos outros atos da vida tribal das selvas africanas. Em *O negro brasileiro*, já examinamos a origem das danças religiosas das macumbas e candomblés, originadas da África e perpetuadas nos ritos afro-brasileiros pelas filhas-de-santo, nos passos, do alujá, do jeguedé, do jaré, nos batucajés fetichistas, mostrando-lhes a significação nos processos de transe hipnótico dos "estados de santo"[4].

Mas não é só nas cerimônias mágico-religiosas que dançam os negros africanos. Todos os atos da sua vida social são acompanhados de danças e cânticos. Entre os sudaneses, na Costa dos Escravos, há cerimônias com danças especiais que acompanham os ritos de passagem: nascimento, puberdade, com as cerimônias da tatuagem (*ellá*) e circuncisão (*oufón*), o noivado, o casamento, a morte com as festas funerárias[5]. Ainda entre os nagôs, os jejes, os *tshis* e os *gás*, as danças de máscara são instituições generalizadas, ligadas às organizações clânicas, danças totêmicas a que já fizemos referência no capítulo sobre os autos populares de sobrevivência totêmica.

Entre os povos bantus, vamos encontrar também uma rica variedade de cerimônias onde intervêm a dança e a música. No antigo Congo, de acordo com o testemunho do missionário Cavazzi[6], davam os negros o nome geral de *maquina* às suas danças. Havia as duas variedades principais, o *maquina mafuate*, baile real em homenagem aos monarcas, e o *mampombo*, espécie de dança erótica, ligada aos ritos sexuais. Em outras províncias do Congo, essas danças tomavam outros nomes que o padre Cavazzi assim grafou: *npanbuatari*, *quitombe*, *quiscia* e *quingaria*.

Na Lunda, todos os atos sociais são acompanhados de música e dança. O feiticeiro, o *medicine-man*, utiliza-se da dança e do canto para agir sobre os espíritos e as divindades. As cerimônias fúnebres

---

4 Arthur Ramos, *O negro brasileiro*, cit., pp. 151 ss.
5 M. D'Avezac, "Notice sur le pays et le peuple des yébous en Afrique", *Mémoires de la Société Ethnologique*, t. 2, 2ª parte, pp. 53-65.
6 A. Cavazzi da Montecuccolo, *Istorica Descrittione de'tre regni Congo, Matamba, et Angola*, Milano, MDCXC, p. 133.

são generalizadas entre esses povos. Bem assim, as danças guerreiras, as danças de caça e pesca, os ritos de passagem. Uma das danças guerreiras mais interessantes entre os povos da Lunda é a *cufuinha*, assim descrita por Dias de Carvalho[7]:

> O que vai dançar trata de puxar o seu pano para cima, apertando-o entre o cinto e o corpo de modo que fiquem livres os movimentos das pernas. Desembainha a sua grande faca, empunha-a bem e depois, um pouco agachado, com as pernas arqueadas e manejando a faca ora para um ora para outro lado, de quando em quando imitando estocadas inclinadas para o chão, e virando a faca ora para cima ora para baixo, dança aos saltos, avançando e recuando, dando passos nos bicos dos pés; tudo com muita rapidez, gritando, assobiando, fazendo trejeitos e momices com a cabeça, cara e corpo, dando ao rosto expressões de ferocidade. É em tudo acompanhado pelos instrumentos de pancada, e pela berraria e assobiada dos circunstantes que o animam. Assim dançam até se fatigarem, indo depois à frente do potentado num dançar vertiginoso, imaginando esforços grandes, uma luta sem fim com o inimigo, que pode ser um homem ou uma fera; e terminam por fazer menção de três estocadas seguidas sobre ele, que está derrubado, e depois caem de joelhos em terra abrindo os braços, como quem oferece os despojos da sua vitória.

Outras danças cerimoniais dos negros da Lunda são a *cuissamba*, dança guerreira dos feiticeiros, e a *uianga*, cerimônia de caça.

No Zambeze, falando sobre as danças guerreiras, escreve Gavicho de Lacerda[8]:

> ... tivemos ocasião de ver verdadeiros dançarinos, ágeis como corças, com as cabeças adornadas de plumas ou capacetes velhos e vestidos de peles de macaco e de gazela. Traziam os rostos enfarinhados, um escudo de pele na mão esquerda, e, na destra, uma zagaia ou macha-

---

7 Dias de Carvalho, *Etnografia e história tradicional dos povos da Lunda*, cit., p. 426.
8 P. Gavicho de Lacerda, *Costumes e lendas da Zambézia*, Lisboa, 1925, p. 186.

dinha. Corriam, de um para outro lado, doidos, a berrar, como possessos, invocando a alma (*muzimo*) de algum guerreiro conhecido e desafiavam a qualquer para se bater com eles.

Aceito o desafio, fingiam que se atacavam com as zagaias e, defendendo-se com os escudos, davam saltos, gritos e faziam cabriolas até que um, ficando cansado, ajoelhava aos pés do vencedor que, todo ufano e orgulhoso, simulava feri-lo, sendo, então, aclamado pelos assistentes.

A estas danças dava-se o nome de *pembeirar*.

Dos ritos sexuais, uma das danças mais típicas é o *quizomba*, de Angola, dança nupcial que termina no *m'lemba*, preço da virgindade, e sobre a qual Ladislau Batalha nos deu curiosa descrição[9].

Todas essas danças cerimoniais exerceram profunda influência no Brasil. Transportados para o novo *habitat*, os negros escravos não podiam aqui celebrar as mesmas cerimônias de suas terras de origem. O novo meio social obrigou-os a uma adaptação forçada e caricatural. Danças primitivas de guerra, de caça, dos ritos de passagem, etc. não podiam mais ser realizadas com a pureza primitiva. Houve uma "distorção", uma transformação imposta pelas restrições do branco civilizado. Mas as cerimônias não desapareceram. Adaptaram-se. Ficaram sobrevivências no folclore. Vimos, nos capítulos consagrados ao estudo dos nossos autos populares, como as instituições africanas primitivas transparecem e se revelam aos olhos do etnógrafo. Cerimônias totêmicas, danças guerreiras, danças de caça, ritos sexuais... vamos encontrá-los todos disfarçados nos autos dos reisados, maracatus e blocos carnavalescos, ranchos e cucumbis, congos e taieiras, etc. Aqui as primitivas instituições africanas, como vimos, fusionaram-se com sobrevivências análogas do ameríndio e com os festejos populares de origem européia. No carnaval, ainda hoje, vemos a reprodução inconsciente das cerimô-

---

9 Vide Arthur Ramos, *op. cit.*, p. 150.

nias africanas, em certos aspectos totêmicos dos seus clubes e ranchos. A Praça Onze, no Rio de Janeiro, guardou muitas tradições africanas. Com a abolição temporária da censura social, o negro enfeita-se de penas e outros apetrechos de guerra e caça, e desempenha as suas danças imitativas, cuja significação ele já conhece.

Mas foi o batuque angola-conguês que maior influência desempenhou na *folk-dance* afro-brasileira. Nas terras de origem, o termo "batuque", provavelmente de origem portuguesa (derivado de *bater*?), é o nome de uma dança de caráter geral[10], onde os negros, em círculo, executam passos, "sapateados" em ritmo marcado com palmas e instrumentos de percussão (atabaques). Segundo uma descrição de Alfredo Sarmento[11], em Luanda e outros distritos de Angola, "o batuque consiste também num círculo formado pelos dançadores, indo para o meio um preto ou preta, que, depois de executar vários passos, vai dar uma embigada, a que chamam *semba*, na pessoa que escolhe, a qual vai para o meio do círculo, substituindo-o".

Foi essa embigada ou *semba* de onde provavelmente se originou o termo "samba", de início tomado como sinônimo de batuque. Nos primeiros tempos da escravidão, a dança profana dos negros escravos era o símile perfeito do primitivo batuque africano, descrito pelos viajantes e etnógrafos. De uma antiga descrição de Debret[12], vemos que, no Rio de Janeiro, os negros dançavam em círculo, fazendo pantomimas e batendo o ritmo no que encontravam: palmas das mãos, dois pequenos pedaços de ferro, fragmentos de louça, etc.; o ritmo, conclui Debret, era marcado "por dois tempos precipitados e um lento".

"Batuque" e "samba" tornaram-se dois termos generalizados para designar a dança profana dos negros, no Brasil. Mas, em outros pontos, tomavam designações regionais, por influência desta ou daquela tribo negra, que forneceu um maior contingente de es-

---
10 Capello e Ivens, *De Benguela às Terras de Iaca*, Lisboa, 1881, v. I, p. 56.
11 Cf. Macedo Soares, *Dicionário brasileiro da língua portuguesa*, 1875-1888, palavra *batuque*.
12 J. B. Debret, *Voyage pittoresque et historique au Brésil*, II v., Paris, MDCCCXXXV, p. 75.

cravos a esses pontos. Nina Rodrigues diferenciou a dança do tambor, no Maranhão, os maracatus, em Alagoas e Pernambuco, os candomblés, batucajés e batuques, na Bahia[13], muito embora os maracatus constituam propriamente um desfile carnavalesco, remanescente das cerimônias de coroação dos reis negros, e os candomblés e batucajés, cerimônias religioso-fetichistas. O *baiano* foi outra designação que alguns Estados do Norte empregaram para o samba, a julgar por uma antiga descrição de Sílvio Romero[14]:

> O *baiano* é dança e música ao mesmo tempo. Os figurantes em uma toada certa têm a faculdade do improviso em que fazem maravilhas, e os tocadores de viola vão fazendo o mesmo, variando os tons. Dados muitos giros na sala, aquele par vai dar uma embigada noutro que se acha sentado e este surge a dançar. O movimento se anima, e, passados alguns momentos, rompem as cantigas populares e começam os improvisos poéticos.

Ora, é esta exatamente a descrição dos primitivos batuques e sambas, embora Sílvio Romero assinale ao *baiano* um caráter de sincretismo com danças africanas, lusas e ameríndias.

Tomando nomes regionais, nos vários Estados do Brasil, amalgamando-se com outras danças de origem européia e ameríndia, as danças negras tornam-se de difícil discriminação para o etnógrafo. Progressivamente vão perdendo o seu caráter puro, de origem. Adquirem novos aspectos e tomam novas denominações. Danças de primitiva significação religiosa deixam o âmbito fechado dos *pegis* e popularizam-se, ao contato profano. Outras, de danças cerimoniais que eram, perderam o significado inicial, destacando-se como elementos isolados do conjunto do auto ou peça dançada. Ainda outras, misturadas com danças de procedência européia e ameríndia, tomam novas designações, tornando quase impossível o reco-

---
13 Nina Rodrigues, *Os africanos*, cit., p. 234.
14 Sílvio Romero, *Cantos populares do Brasil*, cit., p. XV.

nhecimento dos seus elementos de origem. Um exemplo disto é a enumeração que faz Luciano Gallet das "danças negras implantadas no Brasil"[15], assim distribuídas em 17 espécies: 1 – *Quimbete* (Minas); 2 – *Sarambeque* (Minas); 3 – *Sarambu* (Minas); 4 – *Sorongo* (Minas e Bahia); 5 – *Alujá* (fetichista); 6 – *Jeguedé* (fetichista); 7 – *Cateretê* (Minas, São Paulo, Rio); 8 – *Caxambu* (Minas); 9 – *Batuque* (nome generalizado); 10 – *Samba* (Bahia, Rio, Pernambuco); 11 – *Jongo* (Estado do Rio); 12 – *Lundu* (inicialmente dança); 13 – *Xiba* (Estado do Rio); 14 – *Cana-Verde* (Estado do Rio); 15 – *Maracatu* (Nordeste); 16 – *Candomblé* (Bahia); 17 – *Coco de zambê* (Rio Grande do Norte).

Estas 17 espécies reconhecem, no entanto, procedências várias, como o próprio autor explica[16]:

a) Algumas danças tomam o nome do instrumento principal usado na dança: caxambu, jeguedé.

b) Outras tomam o nome da cerimônia principal, mesmo dançada fora delas: maracatu, candomblé.

c) Alguns nomes são genéricos: batuque; outros são variantes locais: samba, xiba.

d) Em alguns lugares, cada nome designa uma dança característica; deixando o nome de ser genérico.

e) Normalmente, as danças são acompanhadas de batemão e cantos, às vezes improvisados; e de vários instrumentos entre os quais predominam os de percussão.

f) Certas danças também são improvisadas, conforme a habilidade do dançarino.

g) As danças de conjunto, como o jongo (no Estado do Rio), o samba (Pernambuco), o coco de zambê (Rio Grande do Norte), se formam de grandes rodas de homens e mulheres, que cantam em coro, batem as mãos em tempo, e dançam com o corpo, sem sair do lugar.

---
15 Luciano Gallet, *Estudos de folclore*, Rio de Janeiro, 1934, p. 61.
16 *Id., ibid.*, p. 61.

No centro da roda, um dançarino, às vezes dois, evoluem em danças saracoteadas, de grande agilidade, e de execução difícil.

O cantador improvisa a estrofe, o coro responde enquanto ao lado estão os músicos com seu instrumental ruidoso.

Estas danças prolongam-se dia e noite: desde que circule a "pinga" e que os ânimos se mantenham exaltados.

Em *O negro brasileiro*, já havia acrescentado algumas considerações a estas notas[17]: o samba é um nome também generalizado, como o batuque, com que se confunde; o maracatu acha-se mais particularmente localizado em Pernambuco; o caterêtê estende-se também por vários Estados do Nordeste e parece reconhecer certa influência ameríndia (como o coco); a xiba e a cana-verde não são originárias dos negros, mas adaptadas por estes[18].

A esta enumeração de danças negras ou adaptadas pelo negro brasileiro, nós podemos acrescentar outras, como os batucajés, na Bahia, o batuque do jaré, no interior do mesmo Estado, as danças do tambor, no Maranhão, a dança cambindas, também chamada "Piauí"[19], etc.

Estas danças negro-brasileiras do tipo do batuque reduzem-se, afinal de contas, ao motivo primitivo da dança de roda, de onde surge um dançador, que vai para o meio do círculo, executando curiosos passos, com requebros do corpo, em evoluções individuais e ao ritmo das palmas e dos instrumentos de percussão; a sua dança cessa, quando ele se dirige (com embigada ou não) à roda, escolhendo aquele que lhe há de suceder, no centro do círculo. Assim é para o jongo, cuja importância, no Estado do Rio, equivale à do batuque e do samba, em outros Estados. Será interessante, por isso, acompanhar a descrição que dele traça Luciano Gallet[20]:

---
17 A. Ramos, *op. cit.*, p. 159.
18 Vide Mário de Andrade, *in* Introdução da obra de Luciano Gallet, p. 27.
19 Cf. Rodrigues de Carvalho, *Cancioneiro do Norte*, *cit.*, p. XII.
20 Luciano Gallet, *op. cit.*, p. 7.

Era a dança predileta dos pretos, por causa da grande quantidade de pessoas que nela tomavam parte, podendo prolongar-se indefinidamente, sem cansaço.

Além do mais, é uma exibição das qualidades individuais de cada dançarino, esforçando-se cada um por suplantar o outro. Com maior apuro do dançador, entusiasmo maior. Prestando-se a dança a movimentos lascivos, a mulher ou o homem dançando no meio do grande círculo produz maior excitação na assistência, atordoada com as baterias, o sapateio, o canto geral e o parati, que circula horas a fio.

Depois de descrever os instrumentos (um cantador ou dois, com o chocalho na mão, três tambores e uma puíta) e os figurantes do jongo (uma grande roda de vinte, quarenta ou mais indivíduos dos dois sexos, com os tocadores ao lado da roda), continua Luciano Gallet a sua descrição:

1) O cantador, de chocalho na mão, pula para o meio da roda e canta o verso (A).
2) O coro responde (B). Enquanto isto, o cantador sapateia.
3) Quase no fim do coro, o cantador entra para o meio do círculo.
4) Um dos assistentes (homem ou mulher) vai para o centro.
5) O cantador fica no círculo cantando, alternando com o outro se quiser, enquanto prossegue a dança. O verso (A) é repetido ou não conforme o interesse que despertar o dançador; e o coro repete ou não o estribilho, conforme as mostras de habilidade do sapateador.
6) Às vezes, um homem é provocado por uma mulher que dança e vem para o centro da roda, travando-se então verdadeiros duelos de dança e sapateio entre os dois, sublinhados com o interesse da assistência que bate as palmas enquanto o cantador sustenta a dança e entoa o coro na hora do sapateio; e tudo isto envolvido nos ritmos dos tambores, da puíta e do chocalho do cantador.

Mas houve influências secundárias dos próprios negros de outras partes da América nas danças negro-brasileiras. Na América do

Norte[21], as danças vodu, as múltiplas formas do *ragtime*, com todas as derivantes modernas (do *charleston* ao foxtrote); na América Central, as variadas danças negro-andaluzas, a rumba, o tango, a *guaracha*, o *danzón*...[22], outras danças antilhanas, de origem negro-européia que Krehbiel, partindo da *habanera*, classifica nas várias formas da *bamboula*, *counjai*, *calinda*, *belé*, *benguine*, etc., algumas já em desuso[23]; nas repúblicas do Prata, as danças negro-hispânicas, o tango, a milonga, e as danças indígenas e gauchescas adaptadas pelo negro[24]; todas essas formas influenciaram as danças negras do Brasil, originando curiosos sincretismos negro-continentais. Por outro lado, as danças ameríndias, bem como as branco-européias, foram adaptadas pelo negro brasileiro; sofreram uma *distorção* do negro e os eruditos da nossa história musical já se têm ocupado do assunto. Não se pode, por esse motivo, fazer em nossos dias uma classificação da *folk-dance* negra no Brasil. As suas formas primitivas se alteram progressivamente ao contato da civilização. E o fenômeno oposto: as danças chamadas "civilizadas" deformam-se sob a influência decisiva do negro. Isto, em última análise, é um processo geral de transfusão e sincretismo que levará à formação da "música brasileira". O desenvolvimento do assunto escapa à competência do etnógrafo, que cede o lugar aos eruditos da musicologia.

Mas convém fixar, do ponto de vista folclórico, as formas musicais das danças que reconhecem influência negra, ou foram adaptadas pelo negro, no lento processo de sincretismo. A forma de dança principal que se definiu, neste cadinho apurador, foi o maxixe no último quarto do século XIX.

Nas indicações ilustrativas para os *Doze exercícios brasileiros*, Luciano Gallet[25] considera o maxixe a dança brasileira típica, da ci-

---

21 Vide Henry Edward Krehbiel, *Afro-American Folk-songs*, Nova York e Londres, 1914, p. 68.
22 Fernando Ortiz, *Los negros brujos*, Madri, 1906, p. 71.
23 Krehbiel, *op. cit.*, p. 116.
24 Vide Vicente Rossi, *Cosas de negros*, 1926, *passim*.
25 Luciano Gallet, *Doze exercícios brasileiros*, piano a 4 mãos, Rio de Janeiro, 1928, edição de Carlos Wehrs e Cia.

dade, explicando a gênese de sua formação: "Da polca européia veio a polca brasileira; desta o tango; e dele o maxixe. Houve relaxamento de andamentos e ritmos, da polca ao maxixe. Este tem movimentos largos e amplos; acentuações exageradas; desenhos melódicos ondulantes e ritmos requebrados." E o eminente erudito do nosso folclore musical denuncia logo a ampliação que, no Brasil, deram ao maxixe, confundindo-o com outras formas dançadas. "Maxixe – continua – é também nome genérico que engloba erradamente todas as manifestações rítmicas brasileiras. Isto, devido ao predomínio da síncopa; o que originou confusão com outros ritmos sincopados. Hoje em dia, na dança de salão, substitui-se o maxixe pelo puladinho ou pela polca brasileira, chamando-se a estes de maxixe, e erradamente. São três danças absolutamente diversas. O maxixe, apesar de ser em andamento largo, é uma dança movimentada e violenta, rica de passos e figuras." Essa tendência à generalização foi também denunciada por Mário de Andrade, quando verificou que com o nome de maxixe o povo, em certa época, passou a designar tudo quanto era dança popular[26]. O verdadeiro e primitivo maxixe, originado da "fusão da *habanera* pela rítmica, e da polca pela andadura, com adaptação da síncopa africana", como anota Mário de Andrade[27], completando a definição de Luciano Gallet, é uma forma de dança, cujas origens históricas não estão ainda suficientemente esclarecidas. Mário de Andrade assevera haver fixado a década 1870-1880 como aquela em que mais provavelmente surgiu o maxixe. Nada há, porém, ao certo, mesmo em relação ao próprio nome[28]. A forma divulgada pelo compositor

---

26 Mário de Andrade, *Originalidade do maxixe*, Ilustração Musical, ano 1, n.º 2, Rio de Janeiro, 1930.
27 Mário de Andrade, Crônica da Revista do Brasil, 30 de novembro de 1926; *id.*, *Ensaio sobre música brasileira*, São Paulo, 1928, p. 9; *id.*, *Música, doce música*, São Paulo, 1934, p. 99.
28 Vide Mário de Andrade, *Música, doce música, cit.*, p. 157. A propósito da origem do nome "maxixe", Mário de Andrade escreve em nota (*loc. cit.*): "Segundo uma versão, propagada por Vila-Lobos, que a teria colhido dum otogenário, o maxixe tomou esse nome dum sujeito apelidado 'Maxixe' que num carnaval, na sociedade 'Os Estudantes de Heidelberg', dançou um lundu duma maneira nova. Foi imitado, e toda gente começou a dançar 'como o Maxixe'. E afinal o nome teria passado pra dança. Versão respeitável, porém carecendo sem dúvida de maior controlação."

brasileiro Ernesto Nazaré sob o nome de tango é, em última análise, decalcada da forma popular, o maxixe. Alguns musicólogos, como Mário de Andrade, insurgem-se mesmo contra a denominação de tango, que se pode prestar a confusões com o tango do Prata, embora a expressão tenha adquirido certa voga, no Brasil, antes das modernas classificações do nosso *broadcasting*.

Mas o tango-maxixe não deve ser confundido com as formas puladinho e tanguinho, postas em destaque por Luciano Gallet. O puladinho teria duas formas: a primeira, em desuso, tinha "movimento de polca, porém mais flexível; andamento cômodo, ligeiramente arrastado"[29], ao passo que a segunda forma é intermediária entre o maxixe e a primeira forma do puladinho, "com mais fantasia no fraseado e de andamento mais livre". O tanguinho, forma divulgada por Marcelo Tupinambá, é uma dança "em andamento de polca quase lenta e expressiva. Diferencia-se do puladinho pelos ritmos sincopados do acompanhamento, e pela execução mais mole e menos precisa dos desenhos melódicos"[30].

Num país como o Brasil, cuja história musical é ainda tão pequena, não se fixaram formas definitivas no seu *folk-song* e *folk-dance*. É por isso que assistimos, nos dias de hoje, a uma curiosa *reinterpretação* das suas danças populares de origem negra. Certas palavras perdem a sua antiga significação, como o "batuque", primitivamente uma dança de roda, de onde se destaca um dançarino que executa a sua coreografia individual, e hoje exprimindo de preferência determinada forma rítmica da dança de negros (n.° 12 dos *Doze exercícios brasileiros*). Neste sentido, o batuque deixa de ser sinônimo de samba (isto é, samba primitivo) para caracterizar formas rítmicas já aproveitadas por alguns dos nossos compositores. Assim, batuque recobra o seu significado onomatopaico-rítmico, de *bater*, *batuque*, *batucada* – ação de "bater", de percutir em

---
29 Luciano Gallet, *loc. cit.*
30 *Id., ibid.*

tambores, caixas, fragmentos de madeira, tamborins e até chapéus de palheta, como também de executar passos "sapateados" na dança.

Ao invés do batuque, cujo significado se vê reduzido, o samba amplia-se e generaliza-se. Perde o aspecto primitivo, sinônimo de batuque (ou em rigor: um passo ou cena do batuque), para se tornar um termo genérico de dança popular brasileira. O samba tende assim a substituir o maxixe, cuja expressão já vai mesmo desaparecendo entre o povo. Mas, da mesma forma que o tango-maxixe (forma divulgada por Nazaré) possuía variedades, subformas de músicas e dança, algumas individualizadas por Luciano Gallet, o samba é hoje um termo geral de música e danças populares com várias subdivisões. Há o samba dos morros, com a sua história folclórica das mais interessantes – a Favela, a Mangueira, o Salgueiro, os subúrbios... Este é dança de roda, ainda com as características primitivas, de onde surge o dançarino que executa a sua virtuosidade individual. O samba do morro é o herdeiro do batuque negro primitivo, angola-conguês, e do escravo brasileiro do ciclo das plantações e da mineração. Mas o carnaval desentocaiou o samba dos morros. A Praça Onze começou a assistir àquilo que até então vivia escondido em recessos ignorados. O negro e o mestiço renderam-se às homenagens que lhes foram prestadas. O trabalho de fermentação folclórica diminuiu e começaram a surgir os *virtuoses*. O samba perdeu gradativamente o seu caráter popular, "interessado", ligado intimamente à vida social do negro brasileiro, da mesma forma que era, outrora, instituição integrante da sua vida tribal. *O samba começou a ser estilizado nas escolas de samba*. Instituíram-se prêmios no carnaval da Praça Onze. E o desfile começou: *Unidos do Salgueiro*, *Estação Primeira* (Morro da Mangueira), *Fique firme* (Morro da Favela), *Depois eu digo* (Morro do Salgueiro), *Cada ano sai melhor* (Morro de São Carlos), *União do Uruguai* (Morro de São Roque), etc. Intervieram os poderes municipais, criando concursos e instituindo comissões julgadoras...

Mas o "malandro", o "mulato bamba", a "crioula" e a "moreninha" não se contentam mais com a Praça Onze. Tomaram de assalto a avenida, no carnaval; invadiram o *broadcasting*; inspiraram compositores populares; empolgaram a cidade, o Brasil inteiro.

O trabalho de sincretismo continental completou a obra. O cinema falado divulgou a música e a dança de outros pontos da América: as danças norte-americanas, os tangos do Prata, a rumba antilhana. Deste angu negro-continental estão brotando formas novas curiosíssimas, de que até assistimos uma tentativa de estilização, num filme americano dedicado ao Brasil, com a carioca, misto de samba e maxixe brasileiro, *fox* americano e rumba cubana...

Mas é o *broadcasting* nacional que está fazendo a última classificação, que qualquer um pode tomar a uma simples audição dos aparelhos de rádio. Ouvimos de tudo nesses anúncios de *formas* de dança-música cuja definitiva caracterização entrego à competência dos nossos musicólogos: samba, forma genérica; em sua forma mais pura, parece corresponder ao antigo puladinho, de ritmo rápido; samba-canção, em andamento largo, apenas forma musical, não dançada; samba-toada, espécie de embolada lenta (não dançada); choro-batuque, que corresponderia ao antigo maxixe; samba-rumba, sincretismo do samba brasileiro com a rumba cubana; toada, parecendo corresponder ao tanguinho cantado... Parece que essa classificação empírica vai continuar e, nessa altura, não se sabe o que pode surgir desse mexido, desse trabalho de caldeira das estações nacionais de rádio.

Resta-nos a indagação, feita apenas do ponto de vista da etnografia: qual a forma típica da dança popular brasileira, de origem africana?

Creio ter havido três épocas ou etapas, em que se haja delineado uma tendência à fixação de uma forma geral da dança negro-brasileira. Numa primeira fase, vamos encontrar a forma genérica batuque ou samba, que é a dança de roda, com execuções individuais, originadas dos negros angola-congueses. Uma segunda fase assinala o aparecimento do maxixe, dança brasileira que aproveitou o elemento negro dos batuques, incorporando-o a estilizações hispano-americanas (*habanera*) e européia (polca). Uma terceira fase, a atual, está realizando um amplo conglomerado. É a fase do samba (com a nova significação), forma de dança ainda indefinida, mas de uma extraordinária riqueza de elementos musicais, melódicos e rítmicos, e elementos coreográficos, onde intervêm o negro africano e o negro de todas as Américas e danças européias adaptadas. Não sabemos ainda qual a sua fixação definitiva.

A música vocal do primitivo reconheceu necessidades da vida do grupo. Por isso, como a dança, foi originariamente uma arte interessada religiosa e mágico-social. Depois surgiu a música instrumental, cuja gênese já deixei delineada em *O negro brasileiro*[31], apontando os critérios de classificação, inclusive o histórico-cultural, para os instrumentos de música. Procedendo os negros escravos dos dois grandes grupos principais: sudaneses (mais especialmente os negros da Costa dos Escravos) e bantus (mais especialmente os angola-congueses), é entre esses povos que devemos procurar os primitivos instrumentos musicais que tenham passado ao Brasil ou exercido influência na feitura de instrumentos próprios. Entre os negros da Costa dos Escravos, os instrumentos musicais pertencem a séries muito primitivas, na classificação histórico-cultural. São quase todos instrumentos membranofones, aerofones e idiofones, como os tambores e as trompas de caça e guerra, e outros instrumentos de percussão. Também esses instrumentos apenas servem para marcar o ritmo, porque a melodia quase que é apenas vocal. Os instrumentos principais são os tambores, de que há várias espécies. D'Avezac cita os seguintes: o agogô classificado como sendo um "tambor formado de um cone invertido muito longo e ligeiramente truncado, coberto de uma pele sobre a qual o músico percute com uma só baqueta curta e forte"[32] (o que é estranhável, pois na Bahia o agogô é um instrumento idiofone constituído por uma du-

---

31 Arthur Ramos, *op. cit.*, pp. 160 ss.
32 M. D'Avezac, *Notice sur le pays et le peuple des yebous en Afrique*, loc. cit., p. 93.

pla campânula de ferro, que se percute com um pedaço de metal, e produzindo dois sons); o *ouji*, tambor de guerra, cilíndrico, que acompanha os cantos de marcha; e outros tambores que tomam diversos nomes de acordo com as várias cerimônias. Outros instrumentos descritos por D'Avezac são as trompas (*ofonkpwé* e *oukpwé*) e os *akása*, pequenas cabaças secas, esvaziadas, nas quais são sacudidos em cadência alguns fragmentos de metal sonoro.

Entre esses povos, a música é complemento obrigatório em todos os atos da vida do grupo: religião, ritos mágicos, cerimônias de guerra, caça, pesca, atos da vida diária, na dor e na alegria, no trabalho e nas diversões públicas e privadas. A melodia é constituída de uma frase que se repete sempre, durante horas inteiras. Já demos em *O negro brasileiro* o exemplo de um cântico religioso dedicado a Obatalá. Damos agora, seguindo D'Avezac[33], o exemplo de um cântico em honra do rei, acompanhado pelos *ofonkpwé* e *oukpwé*:

A - wé e-ru Ob - bá   A - wé e-ru Ob - bá O-bro - gó-lu-da

As palavras do canto vocal significam: "Somos todos escravos do rei, nosso soberano", e são repetidas indefinidamente.

Mas, às vezes, organizam-se pequenos conjuntos orquestrais, onde o ritmo do canto é marcado pelos vários instrumentos de percussão. Já mostrei exemplos de como, na Bahia, nos terreiros fetichistas de procedência iorubana, os cânticos religiosos primitivos se aproximavam dos seus correspondentes na África, de extrema simplicidade na linha melódica. Eis novos exemplos que não constam de *O negro brasileiro*:

Cânticos da mãe-d'água:

---

33 *Id., ibid.*, p. 90.

(partitura)

Ô-lu-o-dô lo-biu-ê   a-na-râ   a-rê lo-biu-á
ô-lu-o-dô lo-biu-á   a-na-rê   a-rê lô-biu-á-á

(Terreiros do Nordeste)

Cânticos de Iemanjá:

(partitura)

Iê-man-já dô-dê dô-rê-dê   a-di-ô   dô-rê-dê-ê y-au-ô

Quê-dê rê a croa quê-dê-rê-á quê-dê-rê-á croa d'ê-man-já

(Xangôs de Alagoas)

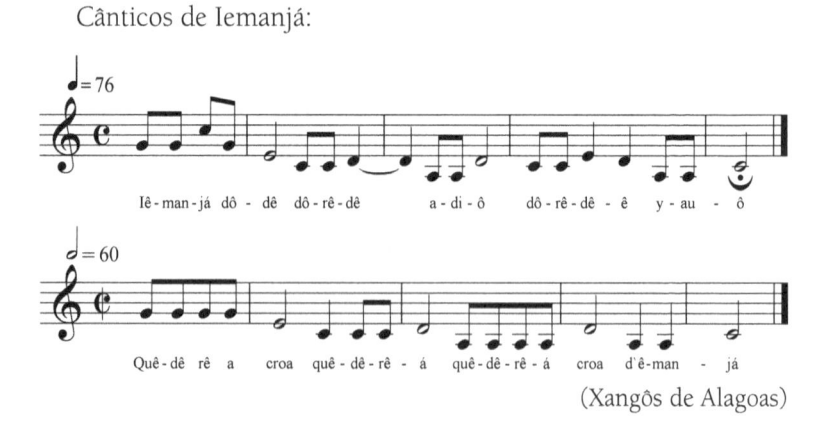

Cântico de Ogum "de malê":

(partitura)

Ogum me-ni-no é de ma-lê nu-ê nu-ê ogum me-ni-no é de ma-lê nu-ê-ê rô rô rê

(Xangôs de Alagoas)

Mas esses cânticos se acham relegados hoje aos terreiros fetichistas de procedência iorubana e tendem a se deturpar cada vez mais. Nos cantos profanos, o trabalho do sincretismo já vai avançando e aquelas características primitivas não mais se encontram.

Entre os bantus, há também vários instrumentos, todos pertencentes a fases primitivas de classificação. O missionário Cavazzi identificou no Congo os seguintes, que aqui registro, conservando a sua grafia[34]: o *npungu* (espécie de trompa), *nsambi* (guitarra), *longa* (dupla campânula de ferro), *ngamba* ou *ingomba* (atabaque), *ndunga* (atabaque menor), *ndembo* (tamborim) e *marimba* (várias cabaças com uma ordem de teclas). Ladislau Batalha descreve quatro tipos principais de instrumentos em Angola: a gaeta, a puíta, o *humbo* e as marimbas[35].

A gaeta designa em Angola, por extensão, o harmônio europeu –, posto que no seu sentido mais restrito signifique certos instrumentos de vento, indígena.

A puíta é uma espécie de tambor indígena, formado por um pedaço de tronco grosso oco, tendo uma das bases coberta por uma pele de animal, bem ressequida e furada no meio. Atravessam-na por um pequeno atilho também de couro, e atam-lhe por dentro um pau áspero. Produzem uma espécie de troar monótono e feio, correndo os dedos úmidos pelo pau interior, que, assim manejado, imprime à pele um movimento vibratório. Sobre este tipo constroem outros instrumentos que produzem roncos mais ou menos agudos.

O *humbo* é o tipo dos instrumentos de corda. Consta geralmente de metade de uma cabaça, oca e bem seca. Furam-na no centro em dois pontos próximos. À parte fazem um arco como de flecha, com a competente corda. Amarram a extremidade do arco, com uma cordinha do mato, à cabaça, por via dos dois orifícios; então, encostando o instrumento à pele do peito que serve neste caso de caixa sonora, fazem vibrar a corda do arco, por meio de uma palhinha.

As marimbas, por muito conhecidas e freqüentes vezes descritas por todos os viajantes sertanejos, dispensam maior menção.

Resta falar de um outro instrumento usado só para serviços de pesca e caça; a buzina (espécie de trombeta, feita de um chifre). Este

---
34 Cavazzi, *op. cit.*, p. 133.
35 Ladislau Batalha, *Angola*, *cit.*, p. 54.

instrumento não entra junto com os outros na composição de músicas; e serve apenas para que os pretos, separados uns dos outros por motivos de caça ou pesca, se possam entender por meio de sinais com ele feitos.

Entre os povos da Lunda, o major Dias de Carvalho[36] descreveu os seguintes instrumentos de música: o *chissanje* ou *quissanje*, constituído de uma pequena caixa de madeira cuja parte superior apresenta uma concavidade onde se acha disposta uma série de lâminas de ferro curvas de tamanhos desiguais – o teclado; é o mais aperfeiçoado dos instrumentos musicais, entre os povos bantus; a *marimba iá maquasi* (formada de pauzinhos dispostos em série, em cima de várias cabaças que servem de caixa de ressonância); o *rubembe*, dupla campânula de ferro (semelhante ao agogô dos jeje-nagôs da Bahia); o *rucumbo*, constituído de uma corda distendida em arco de madeira flexível, que tem numa das extremidades uma pequena cabaça a servir de caixa de ressonância; o arco fica entalado entre o corpo e o braço esquerdo, indo a mão correspondente segurar nele a certa altura, e os sons são obtidos com a mão direita, por intermédio de uma pequena varinha que tange a corda em diferentes alturas; o *mixia*, o *catou*, o *ditondo* e o *muzelele*, apitos vários de madeira; o *dilele*, pequeno flautim; o *chipanana*, trompa de chifre ou de dentes pequenos de marfim. Os instrumentos de percussão são os seguintes: *mondo*, feito de uma só peça, de um toro de árvore oca; é o instrumento de comunicação entre esses povos, que com ele fazem as suas chamadas, a grande distância, tocam a alvorada e o recolher; *chinguvo* ou *quinguvo*, caixas especiais de madeira com que também se transmitem notícias; *angoma iá mucamba*, tambor de guerra, feito de tronco de madeira apropriada, oco, e coberto com uma pele de animal preparada; *ritumba*, tambor usado nas danças, também feito de tronco oco de árvore coberto numa das extremidades com uma pele disten-

---

36 Dias de Carvalho, *op. cit.*, pp. 365 ss.

dida; *angoma iá calenga, angoma uá muanga, mucubile, mucupela, angoma iá Muene Puto*, tambores menores para diferentes usos. Há ainda, entre os lundas, outros instrumentos, como a *mussamba* e *luzenze*, espécies de chocalhos usados nas danças religiosas, e o *juáua*, instrumento usado nas danças populares e que consiste num fio de arame que os rapazes e as raparigas enrolam no corpo, e do qual pendem chapinhas de folha de ferro que, com os movimentos dos dançarinos, batem umas de encontro às outras, ao ritmo da dança e dos outros instrumentos de percussão.

A música vocal, entre os lundas, é constituída de frases melódicas simples, como se vê nestes exemplos do major Dias de Carvalho[37]:

Allegretto

Allegreto

Moderato

A música vocal e instrumental dos negros africanos exerceu extraordinária influência em terras da América. Dos instrumentos musicais, o primeiro em série foi o tambor, instrumento membranofone universal, que foi chamado entre nós tambaque ou atabaque, termo de formação luso-oriental (do persa *tablak* ou do árabe *atal*, tambor). Os atabaques africanos tomaram vários nomes, nas várias partes da América: *tan-go, tamboril, tam-tam*, no Prata[38]; en-

---
37 Id., ibid., p. 479.
38 Vicenti Rossi, *op. cit.*, p. 341.

como (termo genérico), *bencomo, boncó* ou *bongó, Maibi Membi*, etc., em Cuba[39].

No Brasil, os atabaques foram chamados batás, ilus e batacotós (tambores de guerra) na Bahia. Já deixei registrada também a existência, nos dias de hoje, das três variedades: lé, rum e rumpi. No Rio de Janeiro vamos encontrar o termo genérico "tabaques" ou "atabaques" e instrumentos especiais: a cuíca, que é a mesma puíta angola-conguesa, já descrita, o surdo, tambor pequeno, usado nas marchas e nos sambas carnavalescos e tamborins de outras origens (lusos, hispânicos, etc.). No Estado do Rio, há os tambores de jongo, com duas variedades principais: os maiores, chamados tambus, e os pequenos, a que dão o nome de candongueiros, segundo informação pessoal recente. Em Pernambuco e outros estados do Norte, o atabaque principal tem o nome de ingono, que alguns estudiosos julgam erradamente ser o nome de um deus, ou fetiche. Isso eu li em várias entrevistas sobre o Congresso Afro-brasileiro do Recife. Ora, o tambor ingono não é mais do que o *ngomba* ou *angamba* conguês, descrito pelo padre Cavazzi, ou o *angoma* dos lundas, descrito pelo major Dias de Carvalho. A prova é que, em alguns Estados, o chamam também de ingomba[40], o que torna essa aproximação fora de dúvida. Além do ingono, vamos encontrar, nos Estados do Norte, o zambê, que é um ingono menor e, por extensão, se tornou sinônimo de dança, de onde a expressão "coco de zambê", usado em vários estados, principalmente Paraíba e Rio Grande do Norte; o gonguê e mangonguê, pequenos tambores, também apelidados elus e chamas; o roncador, fungador e socador do Maranhão e Pará, variedades das puítas do Sul, e ainda pererenga de Goiás e Mato Grosso e outros de procedência diversa. Outros instrumentos já tive ocasião de descrever em *O negro brasileiro*: ganzá, adjá, o agüê, o xaque-xaque ou chequeré, o agogô, o afofiê[41],

---

39 Israel Castellanos, *Instrumentos musicales de los afrocubanos*, Havana, 1927, pp. 11 ss.
40 Vide Luís da Câmara Cascudo, *Instrumentos musicais dos negros no Norte do Brasil*, Movimento Brasileiro, ano I, n° 3, Rio de Janeiro, 1929.
41 Arthur Ramos, *op. cit.*, p. 164.

acrescentando a lista organizada por Luciano Gallet[42]. Restou-nos falar no urucungo, também chamado gobo, bucumbumba e berimbau-de-barriga, que é o mesmo rucumbo, descrito por Dias de Carvalho, entre os lundas. Hoje, está quase desaparecido no Brasil, bem como a marimba.

A música negra primitiva é de dificílima colheita. Acantonada nos terreiros fetichistas, que guardam as tradições puras, a música religiosa ainda existente vai desaparecendo e é já com imensa dificuldade que colhemos fragmentos, como os exemplificados em *O negro brasileiro* e páginas outras deste volume. Melodia simples, de poucas notas e frases pobres que são repetidas indefinidamente. Um estudo musicológico dessa música mágico-religiosa deveria ser feito pelos competentes no assunto, com a discriminação das características musicais das várias tribos importadas e da música atualmente ainda existente nos terreiros fetichistas do Brasil.

Saída dos terreiros, a música negra transformou-se, ao contato de outras músicas. As próprias macumbas atuais do Rio de Janeiro e outros estados, que freqüentei, não mais conservam as características musicais primitivas.

É essa música misturada, sincrética, a que define o *folk-song* negro-brasileiro. Suas características têm sido postas em evidência nos processos de composição dos nossos músicos. Várias formas da chamada "música brasileira" originam-se daí. Luciano Gallet destacou essas características da música negro-brasileira[43]. Nas linhas melódicas, de pequenos intervalos, encontram-se: repetição seguida do mesmo grau, intervalos de segunda, de quarta ou saltos de quinta e, em grande quantidade, os intervalos de terceiras ascendentes ou descendentes. Há casos menos comuns de tipos de melodias com linhas largas e intervalos mais variados. As melodias têm pequeno desenvolvimento como no exemplo colhido por aquele autor, no Estado do Rio:

---

42 Luciano Gallet, *op. cit.*, p. 59.
43 *Id., ibid.*, p. 54.

Allegro pesante

(notação musical)

Li - cen - ça   li - cen - ça   li - cen - ça   se - nho - ra   que - ro sam-bá

Nas linhas melódicas, os ritmos são ou quadrados comuns ou sincopados, às vezes. Quando intervêm instrumentos de percussão no acompanhamento, então o ritmo adquire enorme variedade e riqueza.

Partindo em geral do ritmo:

(notação musical)

que repousa em um instrumento mais sonoro e grave, sobrepõe-se uma série de combinações de outros instrumentos menores, e de timbres diversos, que, de mistura com o bate-mão (palmas) e as vozes, produzem um conjunto movimentado e rico.

Nesta polirritmia, surge também a fantasia do improviso, de maneira que o comentário é muitas vezes imprevisto, resultando uma variedade grande de acentuações diversas, que valorizam e transformam os valores da linha melódica.[44]

Excede à competência deste trabalho o estudo musicológico do *folk-song* brasileiro de origem negra. É um assunto que apenas abordamos do ponto de vista da etnografia, entregando aos estudiosos da nossa musicologia a solução de múltiplos problemas abertos em equação.

Vimos que dos candomblés, das macumbas, dos cânticos mágicos, das cantigas de trabalho e dos autos de guerra, de caça e de amor, a música negra avassalou tudo e absorveu o *folk-song* de outras origens. Qual o resultado de tudo isso, ainda não sabemos. O

---

44 *Id., ibid.*, p. 55.

sincretismo, as transformações musicais, continuam. Aqui, como em outros domínios do folclore, estamos assistindo à criação de alguma coisa nova, que será "brasileira". Algo talvez ainda não definido ou fixado, mas à procura de uma afirmação. Os nossos eruditos da musicologia já falam numa "música brasileira". Existirá ela? A questão deve ser ampliada: já existe o folclore "brasileiro"? Quando os esforços dos pesquisadores não puderem discernir, no bojo das nossas tradições, aquilo que evidentemente é de origem ameríndia, de origem européia ou de origem africana, então poderemos nos abalançar a responder à questão.

Fig. 1 – Procissão do Senhor do Bonfim (Bahia).

Fig. 2 – A sobrevivência totêmica: rancho carnavalesco do Rio de Janeiro.

Fig. 3 – Figurantes do samba, na Praça Onze de Junho (Rio de Janeiro).

Fig. 4 – Carnaval do Rio de Janeiro, 1940.

Fig. 5 – Agogô, instrumento de música de origem ioruba.

Fig. 6 – Manuel Nenem (Viçosa), "repentista".

Fig. 7 – Antigos carregadores africanos no "canto" (Bahia).

Fig. 8 – Negros carregadores (desenho de Debret).

CAPÍTULO VI | Os contos populares de animais

A literatura anônima de procedência negra, no Brasil, tem sido relativamente muito pouco estudada. Os nossos folcloristas, no seu trabalho de coleta e exegese do material do nosso folclore, principalmente no que se refere aos contos populares, têm concedido pouca importância à discriminação de procedência. Claro que não me refiro ao simples critério de classificação que Sílvio Romero aventou para os contos populares do Brasil, quando apontou contos derivados do português, do índio, do africano e suas transformações pelo mestiço. Uma classificação superficial, como esta, conduz a erros inevitáveis, se se não leva o trabalho de exegese até às suas raízes mais longínquas. Provaremos mais adiante as razões desta afirmativa.

Apenas Nina Rodrigues iniciou um trabalho de discriminação neste sentido, para os contos afro-baianos[1], o que é indispensável para o exato conhecimento das influências do africano em nossa psique coletiva.

Ora, a literatura popular africana é riquíssima e aí está a vasta série de contos e legendas colhidos por grande número de etnógrafos e folcloristas: René Basset, Barot, Béranger-Féraud, Callaway, Heli Chatelain, De Clerk, Ellis, F. Equilbeq, Jacottet, Junod, Le Hérissé, J. Sibrel, Steere, Zeltner, Delafosse... e as magistrais coletâ-

---
1 Nina Rodrigues, *Os africanos*, cit., pp. 274 ss.

neas de Frobenius. Esse imenso material não poderia deixar de ter influenciado grandemente o nosso folclore.

Pode-se dizer, aliás, com Delafosse[2] que os negros africanos quase que só possuem uma literatura oral, e esta necessariamente anônima. Porque língua escrita da África, é, na sua quase totalidade, de influência árabe ou secundariamente proveniente dos brancos das colônias. É verdade que a influência muçulmana é tão grande na África, que a literatura escrita conseguiu desenvolver-se em pleno Sudão, originando a notável floração intelectual do século XVI, em Tombuctu. As crônicas escritas da história africana reconhecem esta origem. De outro lado, os sinais do alfabeto árabe foram adaptados, em várias regiões, à linguagem negra, adicionados de pontos diacríticos e convenções novas para a representação de sons vocálicos e consonânticos que a língua árabe não possui. Houve assim verdadeiras invenções de sistemas gráficos locais, embora pouco espalhados. Delafosse lembra que os *vai* da fronteira da Libéria e da Serra Leoa usam, há seguramente mais de um século, uma escrita silábica de sua invenção; os *bamum*, dos Camarões, servem-se de um sistema, imaginado em 1900 pelo rei Njoya, a princípio ideográfico, e depois fonético, tendendo a passar atualmente do estado silábico ao estado alfabético; os núbios dos distritos de Korosko e de Mahas usariam de um alfabeto especial derivado mais ou menos diretamente de uma escrita oriental.

Mas é a literatura popular, tradicional, anônima, que caracteriza a literatura negra. Cada povo, cada tribo africana possui um grupo de indivíduos cuja função é essa conservação da tradição oral, à semelhança dos cantadores e menestréis, das velhas *nurses* dos povos europeus, os autores anônimos da literatura oral popular.

São cantores, poetas, cantadores, dançarinos, atores..., que Delafosse engloba sob a denominação comum de *griots*[3]. A sua memó-

---
2 Maurice Delafosse, *Les nègres*, Paris, 1927, pp. 65 ss.
3 Id., *ibid.*, p. 68.

ria prodigiosa conserva os mais antigos acontecimentos da tribo, feitos das grandes personagens, crenças e tradições, genealogias, e transmite-os de geração em geração. Até certo ponto, a história africana tem sido reconstituída através destes *conteurs*, cuja função se tornaria assim tão importante na vida do grupo.

Entre os iorubanos, na Costa dos Escravos, segundo o testemunho de Ellis[4], esses narradores constituem uma casta cujo chefe tem o nome de *ologbô*, ou conselheiro, tomando os demais narradores o nome de *arokin*, "o narrador das tradições nacionais, o depositário das crônicas do passado". Cada monarca tem o seu *arokin*, espécie de assistente ou "homem-arquivo", cuja memória vale por toda uma biblioteca. O contador de histórias populares, o fazedor de *alô* ou conto, é diferente. Toma o nome de *akpalô* e a sua função é a de ir pelo mundo afora, de tribo a tribo, de lugar a lugar, recitando os seus *alôs* ou contos. Ainda se costuma chamar *akpalôkipatita*, "aquele que faz vida ou negócio de contar fábulas".

Entre os angola-congueses, a literatura popular é também riquíssima, constituindo a função de indivíduos ou castas, conservadores e transmissores da tradição. Em Angola[5] a literatura oral compreende: os adágios ou provérbios (*jisabu*), os enigmas e adivinhações (*jinongonongo*), os cânticos e as narrações históricas (*mabunda*), as várias formas satíricas dos ditos populares (*jiselengenia*) e os contos populares propriamente ditos (*misoso*).

A narração das histórias entre os negros africanos não é um ato simples. É uma função complexa, onde o contador intervém com toda a sua personalidade, não apenas "narrando" a história, mas "vivendo-a", transmitindo-a integralmente aos outros membros do grupo. É uma cerimônia de "participação" integral, tão importante como os outros atos, religiosos ou mágicos, da sua vida. Por isso, a linguagem oral, entre os narradores africanos, é inseparável da mí-

---

4 Cf. Nina Rodrigues, *op. cit.*, p. 275.
5 Vide Heli Chatelain, *Folk-tales of Angola*, e Ladislau Batalha, *A língua de Angola*, Lisboa, 1891.

mica e da música. Entre os *ewes*, conta-nos Ellis que o narrador marca o ritmo da história com o tambor. Entre os demais povos africanos, a narrativa toma inflexões melódicas, pausas rítmicas, encenações mímicas, como aliás na linguagem diária comum do negro africano. Já mostramos em O negro brasileiro que, no primitivo, a palavra vem indissoluvelmente ligada à ação. O gesto, a mímica, completam a expressão verbal. Entre os lundas, é isso o que o major Dias de Carvalho chamou as "interpolações" e que consistem em certos termos, frases antigas, interjeições adequadas, gestos e movimentos do corpo que acompanham o discurso ou a narração.

As interrupções do que se ouve – escreve Dias de Carvalho[6] – são em geral muitas, e conforme as conversas; se é uma notícia variada e nela entra coisa que ora alegre, ora entristeça, ouvem-se mais ou menos as seguintes exclamações, de que tomei nota, num caso em que um indivíduo dava a outro uma novidade, sendo tudo dito com muito ímpeto: *ihuhé! vudiê! ah! cá! eheh! um! noéji! caiando! vudiê! muané! um... um! ah! ca... cá! ihuhu! ihuhé! ouhuhé!*

As admirações muitas vezes não passam de uns gestos e trejeitos, que para eles ainda exprimem mais que vozes e frases. Assim o cruzamento das mãos sobre a boca aberta, e movendo um pouco a cabeça para os lados, exprime que uma coisa qualquer é extraordinária.

Expressam a sua grande satisfação ao agradecerem uma dádiva ou a reconhecerem um serviço importante que se lhes presta, batendo com a palma da mão direita na boca aberta, ao mesmo tempo que garganteiam *ah! ah! ah!*

Nas audiências na corte do Muatiânvua, os avisos são quase sempre feitos por música.

Se por qualquer circunstância está um tocador de chissanje, de marimbas, ou mesmo de chingufo que sabe cantar ou acompanhando-se no respectivo instrumento, próximo do lugar em que está o

---

6 Dias de Carvalho, *Etnografia e história tradicional dos povos da Lunda*, Lisboa, 1890, p. 393.

Muatiânvua, encarrega-se de, ao mesmo tempo que entretém os grupos de indivíduos que dele se aproximam, prevenir o Muatiânvua de quem é que o espera.

O cantador, sempre tocando, improvisa nessa ocasião o que canta, e vai justapondo, umas em seguida às outras, as alusões que faz, de modo que se acomodem à toada do instrumento, sucedendo assim que umas palavras são ditas com rapidez e outras são alongadas por sílabas, demorando-se nas finais, se é preciso abrangerem notas que lhe convêm.[7]

A linguagem mímica e o reforço mímico da linguagem oral exprimem uma tendência generalizada no primitivo. Cushing insistiu sobre o papel das mãos sobre a mímica manual reforçando a linguagem oral; é o que ele chama os "conceitos manuais"[8]. Mas não só as mãos: os olhos, a boca, todo o corpo, enfim, reforça pela mímica a palavra falada. "Mesmo nas populações bantus – escreve Lévy-Bruhl[9] – que pertencem geralmente a um tipo de sociedade bastante elevada, a linguagem oral, muito descritiva em si mesma, acompanha-se de movimentos da mão unidos a pronomes demonstrativos. É verdade que estes movimentos já não são sinais propriamente falando, como os que compõem uma linguagem por gestos; mas são auxiliares da descrição precisa que se faz por meio das palavras." E citando as observações de Torrend sobre a gramática comparada das línguas bantus, continua Lévy-Bruhl:

> Não se ouvirá, por exemplo, uma indígena empregar uma expressão vaga como esta: "Ele perdeu um olho"; mas, como notou qual foi o olho perdido, dirá, mostrando um ou outro dos seus próprios olhos: "Eis aqui o olho que ele perdeu." Do mesmo modo, não dirá que há três horas de distância entre dois lugares, mas sim: "Se vós partirdes

---

7 Id., ibid., p. 425.
8 F. H. Cushing, *Manual Concepts*, American Anthropology, citado por Lévy-Bruhl, *Les fonctions mentales dans les sociétés inférieures*, Paris, 1922, p. 178.
9 Lévy-Bruhl, *op. cit.*, p. 182.

quando ele (o sol) estiver ali, chegareis quando ele estiver ali", e ao mesmo tempo vos mostrará duas regiões diferentes do céu.

Esses "auxiliares" da descrição podem também ser feitos por inflexões ou reproduções do que se quer exprimir, por meio da voz. São as imitações ou reproduções vocais que os exploradores alemães chamam *Lautbilder* e que não são propriamente onomatopéias, mas antes gestos vocais descritivos. Westermann estudou exaustivamente o fenômeno entre os *ewes*, mas os *Lautbilder* existem em quase todas as línguas africanas[10].

Ora, esses "auxiliares" da narração sobreviveram no Brasil. Os gestos derramados que acompanham a palavra oral, a abundância da mímica, as inflexões melódicas da linguagem são comuns no nosso povo, e até entre os mais famosos oradores. Já abordei o assunto em *O negro brasileiro*, referindo-me a uma antiga nota de Nina Rodrigues sobre a loquacidade derramada dos oradores nacionais. É muito raro, no nosso povo, uma simples descrição não vir acompanhada de grandes gestos explicativos que "desenham" a narrativa. As nossas escolas superiores, o parlamento, as casas de conferências estão cheias de oradores que quando falam dão inflexões melódicas às palavras, alteram ou abaixam a narrativa, mudam de timbre e, às vezes, de ritmo, arregalam os olhos ou os cerram de maneira significativa, protraem os lábios em gestos de desdém ou contraem o risório e demais músculos do riso em mímica larga de satisfação ou ironia, levantam os braços para o alto ou os jogam à frente com furor, cuspilham no auge do entusiasmo, tremem a voz, tremem as mãos e, por vezes, simulam atitudes de desmaios líricos e incontidos. O orador suburbano, em qualquer ato da vida social – nascimentos, batizados, aniversários natalícios, casamentos, enterros... –, é uma figura fatal. "Peço a palavra!" é o signo inexorável, mas a palavra acompanhada de todos os seus "auxiliares".

---
10 *Id., ibid.*, pp. 183 ss.

Deixando de lado o concurso também evidente do ameríndio nesses "auxiliares" e *Lautbilder* na palavra falada, no Brasil, foi o africano quem desempenhou o papel principal. O *akpalô* da Costa dos Escravos aqui deixou a sua influência decisiva. José Lins do Rêgo falou-nos em um dos seus romances do ciclo da cana-de-açúcar, no Nordeste, de velhas narradoras de histórias que iam de engenho em engenho com a sua bagagem de contos tão disputados pela meninada. Gilberto Freyre referiu-se ao fato[11]. Lembro-me bem, na minha infância, dessas velhas mucamas contadoras de história. E agora vejo a explicação daqueles gestos derramados, da mímica de todo o corpo, das inflexões musicais da descrição, às vezes mesmo do canto, que acompanhavam a narração. A contadora de histórias do Nordeste não se contenta, por exemplo, em contar que "era uma vez um homem muito velho e curvado e que tinha a marcha trôpega"; à semelhança dos *akpalôs* africanos, ela diz e "age": era uma vez um homem muito velho, assim como o "velho" F. (um sujeito existente na localidade), que andava "assim" (o "assim" requer um dos "auxiliares" da narrativa: a narradora começa a andar curvada e trôpega). Nas narrações imitativas, de pessoas, de vozes humanas, de vozes e ruídos de animais, de ruídos, em geral, intervêm todas as onomatopéias possíveis. "Era um homem que roncava assim: *rum, rum, rum*...". "Era um gato que miava: *miau, miau*...". Gestos explicativos, com a intervenção de "conceitos manuais": "Era um menino deste tamanho (a mão limita a estatura)" ou então: "uma coisa grande 'assim' (as duas mãos marcam a dimensão)". Poderíamos multiplicar os exemplos.

Os contos populares africanos que desempenharam influência no folclore brasileiro reconhecem várias gêneses. Um primeiro grupo provém de esfacelamentos míticos e heróicos. São os contos onde intervêm entidades mitológicas, antepassados, heróis criadores, civili-

---
11 Gilberto Freyre, *Casa-grande e senzala*, p. 371.

zadores e transformadores. Um segundo grupo engloba todos os contos de sobrevivência totêmica. É o numeroso populário africano, grande conglomerado, onde intervêm não só elementos totêmicos propriamente ditos, mas ainda animais heróis e animais deuses (ligando-se assim ao grupo precedente), e certas entidades antropomórficas, meio animais, meio bichos, da classe do licantropo.

Um terceiro grupo abrange as demais formas do conto popular: reminiscências históricas, contos morais. É este, aliás, o caminho percorrido pelo folclore, em geral. Mesmo nas sociedades mais civilizadas, vamos encontrar nos contos populares sobrevivências míticas, heróicas, totêmicas. A última forma do conto popular é o conto moral, meio histórico, meio lendário, refletindo preocupações e anseios atuais da comunidade.

Sobre o folclore mítico do africano já consagramos todo um capítulo. Muitos dos seus mitos sobreviveram em contos, ou constituindo por si sós toda a urdidura do conto, ou contribuindo a ele em maior ou menor percentagem. Já demos em *O negro brasileiro* o exemplo de dois contos da mãe-d'água, colhidos por J. da Silva Campos, na Bahia, e onde encontramos motivos míticos iorubanos de Iemanjá associados ao culto do Calunga angolense[12].

O folclore heróico africano é de uma enorme riqueza, o que levou Frobenius a falar num Decamerão negro[13]. Grande parte do "livro de cavalaria e de amor" dos africanos parece refletir sobrevivências feudais. Frobenius fala-nos de uma raça aristocrática de usos e ética feudais, que habita nas estepes entre os limites do Saara e a grande selva do Níger. Samba Kulung é um dos heróis cavaleiros desses contos, que nos narram histórias de cavaleiros andantes com seu *diali*, bardo ou cantor que conhece o *Puí*, ou as epopéias dos antepassados. Mas em toda a África há exemplos de contos heróicos, que se referem a façanhas de heróis civilizadores de várias

---
12 Vide *O negro brasileiro, cit.*, pp. 229-32.
13 L. Frobenius, *El decamerón negro*, trad. esp., Madri, 1925.

procedências: deuses evemerizados, antepassados ilustres, fundadores de cidade, transformadores e civilizadores, cuja memória foi guardada pelo *arokin*, o cronista da corte.

Não temos, no Brasil, exemplos típicos de contos heróicos africanos, a não ser fragmentos nos autos populares, como os das congadas, que já descrevemos, muito embora possamos falar em contos heróico-totêmicos, onde o herói é um animal-totem, antepassado, civilizador.

Chegamos assim à segunda série dos contos africanos, esses de grande influência no Brasil. São os contos de animais. Mas não são contos fixos onde intervêm, como no folclore europeu, animais definidos como o lobo ou a raposa. A série de animais nos contos africanos é imensa, mesmo porque os negros são diferentes e variam nas suas concepções de povo a povo, de tribo a tribo. Estes animais desempenham funções humanas nestes contos. Têm sentimentos humanos: astúcia, fineza, humor. No Sudão central, o animal destes contos é a lebre. Nas costas da Guiné, é um pequeno antílope, ao passo que no Baixo-Níger vamos encontrar a tartaruga e a aranha. Ainda o coelho, o chacal, a hiena, o elefante, o crocodilo, com os seus nomes próprios a cada dialeto, figuram em multidão de contos e fábulas africanas[14].

Destes contos totêmicos africanos houve os que exerceram uma influência maior em nosso folclore. Como os contos do ciclo da tartaruga. Ellis colheu todo um ciclo de histórias da tartaruga (*awon*) na Costa dos Escravos. Há vários provérbios iorubanos onde há referências à importância que os negros concedem à tartaruga.

O curioso, porém, é que nós já possuíamos grande número de contos populares onde o jabuti desempenha a figura central. A existência de um ciclo do jabuti de origem ameríndia levou alguns dos nossos pesquisadores a pensar que todos os contos populares brasileiros onde intervinha o cágado ou a tartaruga fossem de ori-

---

14 Vide *Afrikanische Legenden*, Berlim, Ernst Rowohlt Verlag, 1925.

gem americana. O professor Carlos Frederico Hartt colheu uma série de histórias da tartaruga entre os índios da Amazônia[15]. A tartaruga brasileira é precisamente o jabuti, corrutela do tupi *iauti* (*Testudo terrestris tabulata*, Schoeff), que seria, depois, também a personagem dos contos colhidos por Couto de Magalhães[16] entre os povos indígenas das margens do rio Negro, do Tapajós e do Juruá. O jabuti é apresentado por Couto de Magalhães como símbolo da astúcia e da inteligência, e os contos colhidos por esse autor acham-se distribuídos em dez episódios com os seguintes títulos: I – "O jabuti e a anta do mato"; II – "O jabuti e a onça"; III – "O jabuti e o veado"; IV – "O jabuti encontra-se com macacos"; V – "O jabuti e de novo a onça"; VI – "O jabuti e outra onça"; VII – "O jabuti e a raposa"; VIII – "O jabuti e a raposa"; IX – "O jabuti e o homem"; X – "O jabuti e o gigante".

Em cada um desses contos, Couto de Magalhães enxerga um ensinamento moral, onde se destacam a inteligência e a astúcia do jabuti. São suas próprias palavras:

> A coleção das lendas do jabuti, que não sei ainda se é completa, compõe-se de dez pequenos episódios. Todos eles foram imaginados com o fim de fazer entrar no pensamento do selvagem a crença na supremacia da inteligência sobre a força física.
>
> Cada um dos episódios é o desenvolvimento ou desse pensamento geral, ou de algum que lhe seja subordinado.
>
> Com a leitura da coleção o leitor verá isso claramente; sem querer antecipar o juízo do leitor, direi geralmente que:
>
> Como é sabido, o jabuti não tem força; à custa de paciência, ele vence e consegue matar a anta na primeira lenda: a máxima, pois, que o bardo selvagem quis com ela plantar em seu povo foi esta: a constância vale mais que a força.

---

15 Ch. Fred. Hartt, *Amazonian tortoise myths*, Rio de Janeiro, 1875.
16 Couto de Magalhães, *O selvagem*, edição prefaciada pelo sobrinho do autor, s.d., pp. 218-32. Vide ainda Couto de Magalhães, *Contes indiens du Brésil*, trad. de E. Allain, Rio de Janeiro, 1882; padre dr. Constantino Tastevin, "A lenda do jabuti", *Revista do Museu Paulista*, t. XV; Clemente Brandenburger, *Lendas dos nossos índios*, Rio de Janeiro, 1931, pp. 72-104.

Como é sabido também, o jabuti é dos animais de nossa fauna o mais vagaroso; os próprios tupis têm este prolóquio: *Ipicuí aútí maiaué*, vagaroso como um jabuti; entretanto no terceiro episódio o jabuti, à custa de astúcia, vence o veado na carreira; quiseram, pois, ensinar, mesmo pelo contraste, entre a vagareza do jabuti e a celeridade do veado, que a astúcia e a manha podem mais do que outros elementos para vencer um adversário.

No quinto episódio, a onça quer comer o jabuti; ele consegue matá-la, ainda por astúcia. É o desenvolvimento do mesmo pensamento, isto é, a inteligência e a habilidade valem mais do que a força e a valentia.

No nono episódio, o jabuti é apanhado pelo homem, que o prende dentro de uma caixa, ou de um patuá, como diz a lenda; preso, ele ouve dentro da caixa o homem ordenar aos filhos que não se esqueçam de pôr água ao fogo para tirar o casco ao jabuti, que devia figurar na ceia. Ele não perde o sangue-frio; tão depressa o homem sai de casa, ele, para excitar a curiosidade das crianças, filhos dos homens, põe-se a cantar: os meninos aproximam-se; ele cala-se; os meninos pedem-lhe que cante mais um pouco para eles ouvirem; ele lhes responde – "oh! se vocês estão admirados de me verem cantar, o que não seria se me vissem dançar no meio da casa?".

Era muito natural que os meninos abrissem a caixa; que crianças haveria tão pouco curiosas que quisessem deixar de ver o jabuti dançar? Há nisto uma força de verossimilhança cuja beleza não seria excedida por Lafontaine. Abrem a caixa, e ele escapa-se.

Esta lenda ensina que não há dificuldade na vida, por maior que seja, de que o homem se não possa tirar com sangue-frio, inteligência e aproveitando-se das circunstâncias.[17]

Ora, os contos do jabuti foram incorporados por Sílvio Romero ao nosso folclore como sendo de origem tupi-guarani e, quando se descobriu um ciclo idêntico de contos da tartaruga existente na África, as opiniões se dividiram na apuração da verdadeira origem desses contos. Tratar-se-ia de uma importação americana para os

---

17 Couto de Magalhães, *O selvagem, cit.*, pp. 206-8.

contos da tartaruga, na África, na hipótese de alguns, hipótese insustentável, pois, como já argumentara Nina Rodrigues, os habitantes da África, antes do tráfico, nunca estiveram em contato com os índios americanos. Com o tráfico, pensou-se também numa adaptação, pelos negros importados, dos contos indígenas. E, por último, a hipótese oposta: os indígenas americanos copiaram os contos africanos do ciclo da tartaruga. O próprio Hartt já havia encontrado, na sua coletânea, um auto idêntico na África e no Sião[18]. Mas essas fábulas do jabuti existiam nas mais diversas tribos indígenas, nas da América do Norte, como do Sul, o que torna também dificilmente aceitável a teoria africana.

A melhor solução é aquela que foi aventada por Herbert H. Smith, autor de *Brazil and the Amazons*, quando afirma que uma coisa é certa – e é que as histórias animais contadas pelos negros das plantações nos Estados Unidos e no Brasil são de procedência africana. Se estes contos têm longínquas origens, dos árabes, dos antigos egípcios, dos turanianos (aos quais já quiseram filiar os nossos índios); e se, de outro lado, os índios tomaram dos negros esses motivos, são ainda caminhos cheios de hipóteses[19]. O mais certo é que tocamos num mesmo motivo existente, ao mesmo tempo, em povos diversos, fenômeno tão comum nos fatos do folclore.

Os contos negros dos campos de plantação da América do Norte possuem também todo um ciclo da tartaruga (*terrapin*), colhidos e narrados por Uncle Remus em *slang* negro. Vamos encontrar as mesmas qualidades, de inteligência e astúcia, atribuídas ao *awon* africano e ao jabuti ameríndio. J. Chandler Harris estabelece mesmo um paralelo entre as histórias da tartaruga colhidas por Herbert Smith e as histórias do *terrapin* narradas por Uncle Remus[20]. Mas

---

18 Couto de Magalhães, de onde colho esta observação, transcreve as próprias palavras de Hartt: "I have, for instance, found among the Indians of the Amazonas a story of a tortoise that outran a deer by posting its relations at short distance apart along the rod, over which the race was to be run – a fable found also in Africa and Siam!" (*op. cit.*, p. 205).
19 Apud Joel Chandler Harris, *Uncle Remus*, The World's Classics, p. IX.
20 *Id., ibid.*, p. VII.

há uma dessas versões de Uncle Remus cujo paralelo com a história *O jabuti e o veado* de Hartt é completo. O conto de Hartt está, em essência, contido neste próprio resumo do autor[21]: "tendo o veado apostado uma carreira com o jabuti, este espalhou ao longo do caminho outros jabutis, e ele mesmo se foi colocar na raia, de modo que, quando corriam e o veado chamava pelo jabuti, sempre um dos jabutis, postados no caminho, respondia adiante".

No conto negro colhido nas plantações de arroz, dos Estados Atlânticos do Sul, da América do Norte, intervêm a tartaruga *B'er Cooter* (*terrapin*) e o veado, *B'er Deer*. Será interessante a transcrição completa, no dialeto negro, no *lingô* das plantações[22]:

> One time B'er Deer an B'er Cooter (terrapin) was courtin', and de lady did bin lub B'er Deer mo' so dan B'er Cooter. She did bin lub B'er Cooter, but she lub B'er Deer de morest. So de noung lady say to B'er Deer an B'er Cooter bofe dat day mus' hab a ten-mile race, an' de one dat beats, she will go marry him.
>
> So B'er Cooter say to B'er Deer: "You has got mo' longer legs dan I has, but I will run you. You run ten mile on land, and I will run ten mile on de water!"
>
> So B'er Cooter went an' git nine of his fam'ly, an' put one at ebery mile-pos', an' he hisse'f, what was to run wid B'er Deer, he was right in front of de young lady's do', in broom-grass.
>
> Dat mornin' at nine o'clock, B'er Deer he did met B'er Cooter at de fus mile-pos', wey dey was to start fum. So he call: "Well, B'er Cooter, is you ready? Go long!" As he git on to de nex' mile-pos', he say: "B'er Cooter!" B'er Cooter say: "Hullo!" B'er Deer say: "You dere?" B'er Cooter say: "Yer, B'er Deer, I dere too."
>
> Nex' mile-pos' he jump, B'er Deer say: "Hullo, B'er Cooter!" B'er Cooter say: "Hullo, B'er Deer! you dere too?" B'er Deer say: "Ki! it look like you gwine fer tie me; it look like we gwine fer de gal tie!"

---

21 Couto de Magalhães, *loc. cit.*, p. 221.
22 J. Chandler Harris, *op. cit.*, p. X.

W'en he git to te nine mile-pos' he tought he git dere fus, 'cause he mek two jump; so he holler: "B'er Cooter!" B'er Cooter answer: "You dere too?" B'er Deer say: "It look like you gwine tie me." B'er Cooter say: "Go long, B'er Deer. I git dere in due season time", which he does, and wins the race.

Esses cotejos, no Brasil, também revelam aproximações idênticas entre certos contos da tartaruga africana e do jabuti ameríndio. Nina Rodrigues comparou o conto brasileiro colhido por Sílvio Romero, em Sergipe, *O cágado e o teiú* com o colhido na Costa dos Escravos por Ellis[23].

Versão de Sílvio Romero:

Foi uma vez, havia uma onça que tinha uma filha, o teiú queria casar com ela e amigo cágado também. O cágado, sabendo da pretensão do outro, disse em casa da onça que o teiú para nada valia e que até era o seu cavalo. O teiú, logo que soube disto, foi ter à casa da comadre onça e asseverou que ia buscar o cágado para ali e dar-lhe muita pancada à vista de todos e partiu.

O cágado, que estava na sua casa, quando o avistou de longe, correu para dentro e amarrou um lenço na cabeça, fingindo que estava doente. O teiú chegou na porta e o convidou para darem um passeio em casa da amiga onça; o cágado deu muitas desculpas, dizendo que estava doente e não podia sair *de pé* naquele dia. O teiú teimou muito: "Então, disse o cágado, você me leva montado nas suas costas." "Pois sim, respondeu o teiú, mas há de ser até longe da porta da amiga onça." "Pois bem, mas você há de deixar eu botar o meu *caquinho* de sela, porque assim em osso é muito feio." O teiú se massou muito e disse: "Não, que eu não sou seu cavalo!" "Não é por ser meu cavalo, mas é muito feio." Afinal o teiú consentiu. "Agora, disse o cágado, deixe botar minha brida." Novo barulho do teiú e novos pedidos e desculpas do cágado, até que conseguiu pôr a brida no teiú, e munir-se

---
23 Nina Rodrigues, *op. cit.*, pp. 278-81.

do mangoal, esporas, etc. Partiram; quando chegaram em lugar não muito longe da casa da onça, o teiú pediu ao cágado que descesse e tirasse os arreios, senão era muito feio para ele ser visto servindo de cavalo. O cágado respondeu que tivesse paciência e caminhasse mais um bocadinho, pois estava muito incomodado e não podia chegar a pé. Assim foi enganando o teiú até à porta da casa da onça, onde ele meteu-lhe o mangoal e as esporas a valer. Então gritou para dentro de casa: "Olha, eu não disse que o teiú era meu cavalo? Venham ver!" Houve muita risada e o cágado, vitorioso, disse à filha da onça: "Ande, moça, monte-se na minha garupa e vamos casar". Assim aconteceu com grande vergonha para o teiú.

Versão de Ellis (tradução de Nina Rodrigues):

Meu alô é sobre a tartaruga e o elefante.

Um dia, a fada de cabeça pelada disse aos outros animais que ela era capaz de fazer do elefante seu cavalo, mas todos os animais declararam: "Não, tu não és capaz de montar no elefante." Ela replicou: "Bem, eu aposto que hei de entrar na cidade montada no elefante." E os outros animais aceitaram a aposta. A tartaruga foi à floresta procurar o elefante e, encontrando-o, disse-lhe: "Meu pai, todos os animais andam dizendo que você não vai à cidade porque é muito desajeitado e corpulento." O elefante ficou muito zangado e disse: "Os animais são uns bobos. Se eu não vou à cidade é porque prefiro ficar na mata. Além disso, eu não conheço o caminho da cidade." "Oh, disse a fada de cabeça pelada, então venha comigo. Eu lhe ensinarei o caminho da cidade e você fará os animais ficarem corridos de vergonha." O elefante aceitou e partiram os dois. Quando estavam próximos à cidade, disse a tartaruga: "Meu pai, eu estou muito cansada. Deixe eu subir nas suas costas." "Pois não", disse o elefante. Ele ajoelhou-se e a tartaruga subiu-lhe às costas. Seguiram caminho. A fada de cabeça pelada propôs então: "Meu pai, quando eu coçar suas costas você deve correr e, quando eu bater com minha cabeça nas suas costas, você deve correr mais depressa ainda: assim você fará uma figura muito bonita na cidade." O elefante disse: "Perfeitamente." Ao chegar perto da cidade, a tartaruga coçou as costas do elefante e este pôs-se a correr. Bateu nas costas com a cabeça e o elefante correu ainda mais. Quando os animais viram isto, ficaram pasmos. Todos estavam em suas casas olhando das janelas. E a tartaruga gritou-lhes: "Eu não disse que entrava na cidade montada no cavalo de meu pai?" "O que quer dizer – 'cavalo de seu pai'?", perguntou o elefante enfurecendo-se. "Eu estou caçoando com você", disse a tartaruga. Mas o elefante viu que os outros animais estavam rindo-se e ficou ainda mais enfurecido.

"Espera que eu vou atirar-te aqui nestas pedras duras e quebrar-te em pedaços", gritou ele. "Isto é muito bom, disse a fada calva. Atire-me aqui. Isso quero eu. Tenho certeza de que não hei de morrer nem ferir-me. Se você quer matar-me, deve levar-me ao atoleiro. Lá sim, eu morrerei afogada na lama e na água." O elefante acreditou nela; correu ao atoleiro e atirou a tartaruga na lama. Levantou a pata para esmagá-la, mas a fada calva mergulhou no lodaçal e saiu em outro lugar. Então ela gritou aos animais que estavam olhando: "Eu não disse que havia de entrar na cidade cavalgando o cavalo de meu pai?" O elefante, vendo que não poderia apanhar a fada da cabeça pelada, voltou a toda a brida para as matas. Assim que chegou lá disse aos outros elefantes: "Sabem vocês que aquela costas-quebradas me fez?" E contou a eles a história. Os outros elefantes disseram: "Você foi um maluco para levar aquela costas-quebradas à cidade." E desde então os elefantes nunca mais puseram os pés na cidade.

Este conto colhido por Ellis, na Costa dos Escravos, Nina Rodrigues foi ainda encontrá-lo modificado na seguinte versão por ele colhida entre os negros jejes da Bahia[24].

Conto de *Adjinacu* e *Logozé* (o elefante e a tartaruga), versão de Nina Rodrigues:

Um dia Deus chamou todos os animais para dar a eles a força própria de cada um (naturalmente marcar a cada espécie a sua atividade

---
24 Id., ibid., pp. 282-3.

própria ou destino) e ordenou que comparecessem todos em certo lugar daí a oito dias.

Todos os animais se prepararam para comparecer e começaram a caçoar com a tartaruga, dizendo que ela não tinha pernas e portanto não poderia ir. Ela então disse que havia de mostrar que iria montada no elefante. Todos os animais se riram muito e disseram que só queriam ver como ela tão pequenina havia de pegar o elefante para cavalo. Ela respondeu: "Deixem estar que eu me arranjarei." Muniu-se de uma brida e fez-se muito amiga do elefante. No dia marcado, pôs-se a caminho com ele e adiante disse: "Amigo elefante, eu assim não chego lá, quase não ando, você pode me botar nas suas costas?" Ele disse: "Deixe estar que eu te levo." Abaixou-se e a tartaruga trepou-lhe às costas.

Então ela disse: "Mas eu assim caio, não posso me segurar; você deixa eu botar esta brida?" E ele deixou.

Quando foi na ocasião, Deus disse: "Gente, o elefante não veio." Os animais disseram então que a tartaruga havia prometido vir montada no elefante. E é quando chega a tartaruga montada no elefante. Todos os animais bateram muitas palmas e disseram. "Como a tartaruga tão pequena pôde pegar elefante para seu cavalo!"

Elefante envergonhado fugiu para o mato e nunca mais se viu ele.

Outros contos africanos do ciclo da tartaruga encontram correspondência em versões brasileiras, ou por aproximações temáticas, ou por assimilação a outros contos, originando curiosos sincretismos secundários, onde já se torna difícil o trabalho de exegese. Nina Rodrigues cita mais dois contos de Ellis, num dos quais encontra semelhanças temáticas com o conto brasileiro *Menina dos brincos de ouro* e no outro figura o teiú ou lagarto, justamente como na versão de Sergipe colhida por Sílvio Romero.

De outro lado, há ainda hoje versões brasileiras de contos do cágado, onde a origem africana se denuncia de modo flagrante. Veja-se, por exemplo, o conto baiano *O cágado e a fruta*, colhido por J. da Silva Campos[25] e do qual dou a descrição resumida:

---
25 Basílio de Magalhães, *O folclore no Brasil*, Rio de Janeiro, 1928, p. 202.

Num tempo de muita fome, cresceu uma árvore cheia de frutos maduros, que os bichos não podiam comer porque não lhe sabiam o nome. Um dos bichos resolveu ir ao céu e perguntar o nome da fruta a Nosso Senhor. O nome era assim:

> Mussá, mussá, mussá
> Mussangambirá, mussauê

No caminho e já de volta, o bicho encontrou uma velha feiticeira que, para atrapalhá-lo, começou a cantar:

> Munga, selenga, ingambela
> Vina, quivina, vinimim

O bicho atrapalhou-se e esqueceu-se do nome da fruta, o mesmo acontecendo com os outros bichos. Afinal foi o cágado. Aprendeu o nome e veio dizendo pelo caminho:

> Mussá, mussá, mussá
> Mussangambirá, mussauê

A velha feiticeira pulou diante dele e, como fez com os outros, tentou atrapalhar o cágado. Mas este não se alterou. A velha agarrou-o e atirou-o ao chão com toda a força. O cágado prontamente virou-se, gritando:

> Arre! Pula!
> Cercê, bizê

sem se esquecer do nome da fruta, que repete, triunfante ao chegar, embora com o casco todo arrebentado das quedas produzidas pela velha feiticeira.

Embora não possamos dizer seguramente que este conto seja de origem puramente africana, contudo as palavras dos versos estão a indicar claramente a procedência, não mais da Costa dos Escravos, mas dos angola-congueses. *Mussangambirá, selenga, ingambela* denunciam o quimbundo. E sabemos da influência dos negros de Angola, na Bahia, embora com tendência à absorção pelos sudaneses lá entrados em muito maior número.

Heli Chatelain, no seu *Folk-tales of Angola*, também cita fábulas da tartaruga, que encontraram correspondência no Brasil. E mestre João Ribeiro, tratando da fábula brasileira da *Festa no céu*, encontra-lhe certos motivos temáticos no conto angolense *Mutu ni mbaxa* (o homem e a tartaruga), colhido por Chatelain[26].

Dos contos totêmicos africanos, onde intervinham outros animais, muitos passaram ao Brasil e aqui sofreram várias transformações, fragmentando-se, associando-se a outros contos populares europeus ou assimilando-se a fábulas totêmicas congêneres de procedência ameríndia.

Na interessante coletânea de J. da Silva Campos, da tradição oral baiana, vamos encontrar muitos contos de animais, onde a origem africana é mais ou menos evidente. Daremos alguns exemplos destes contos resumidos:

O sapo saramuqueca[27]

Um rapaz, para se vingar de uma moça que lhe recusara um pedido de casamento, enfeitiçou um sapo e achou meio de colocá-lo debaixo do estrado onde a moça cosia. A moça começou a definhar e emagrecer progressivamente, até que um dia o sapo pulou do esconderijo e agarrou-a. A moça gritou por socorro:

> Meu pai, minha mãe,
> Meus parentes, meus irmãos,
> Olhe o sapo saramuqueca,
> Que quer me comer a mim

---

26 João Ribeiro, *O folclore*, Rio de Janeiro, 1919, p. 18.
27 Basílio de Magalhães, *op. cit.*, p. 208.

Mas ninguém pôde acudir, porque todo o mundo estava dormindo enfeitiçado. O sapo foi engolindo-a progressivamente e de cada vez que engolia uma parte do corpo da moça, ia dizendo:

>Indunga... indunga... indunga...
>Indunga, lacandunga, ingúti

Quando o sapo a engoliu toda é que os parentes da moça acordaram e meteram o pau no sapo, assim: – *pá-pu-burucutu, pá-pu-burucutu* – conseguindo tirar a moça, ainda viva.

O rei dos pássaros[28]

Um homem, que caçava no mato, ia a atirar num bonito pássaro, quando este cantou assim:

>Não me mate não
>Tango-lango-lango
>Que eu sou o rei dos pássaros
>Tango-lango-lango
>Fazendo amigo meu
>Tango-lango-lango
>Agora me carango
>Tango-lango-lango

Apesar disso, o caçador atirou e matou-o. Quando, já em casa, ia depenar o pássaro, este cantou:

>Não me trate não, etc.

Ao cortá-lo, para botar na panela:

>Não me corte não, etc.

Já na panela, o pássaro cantava:

---
28 *Id., ibid.*, p. 209.

Não me cozinhe não...

Depois de preparado e cozinhado, quando, na mesa, ia ser comido, o pássaro ainda advertiu:

Não me coma não
Tango-lango-lango
Que eu sou o rei, etc.

Mas o homem não se importou e comeu-o. Aí, o pássaro estourou na barriga dele, e o homem caiu morto.

Este conto, embora os versos do canto lhe evoquem elementos africanos, aproxima-se da seguinte versão por mim colhida em Alagoas e que parece de origem ameríndia:

História do pau-piá (pessoal)
Foi um dia um homem que foi caçar. Botou a espingarda no ombro e largou-se pro mato. Quando chegou lá, viu um passarinho preto, muito bonito, atrepado num toco de pau. Preparou a espingarda e ia "lascar" fogo, quando o passarinho começou a cantar assim:

Pau-piá[29]
Não me mate agora não
Pau-piá
Deixe-me cantar primeiro
Pau-piá
Pra entonce me matá
Pau-piá
E agora sim!

---

29 O termo *piá* é que desperta a hipótese de origem ameríndia do conto – Piá, do tupi, *pyá*, coração. Há ainda o brasileirismo *piá*, "nome dado aos filhos de caboclo que têm menos de 14 anos" (Aulete). Vide também os vocabulários de brasileirismos de Amadeu Amaral, *O dialeto caipira*; J. Romaguera Corrêa, *Vocabulário sul-rio-grandense*, etc.

O homem ficou muito admirado daquela cantoria, mas não se importou e *pam*! ferrou-lhe um tiro, e o passarinho caiu morto. Qual não foi o seu espanto quando o foi apanhar, que o passarinho cantou de novo:

>Pau-piá
>Não me apanhe agora não
>Pau-piá
>Deixe-me cantar primeiro
>Pau-piá
>Pra entonce me apanhar
>Pau-piá
>E agora sim!

Então o homem o apanhou e levou-o para casa, e mandou que a mulher o cozinhasse para comer. A mulher preparou a panela e ia botar o passarinho no fogo, quando ele começou a cantar:

>Pau-piá
>Não me cozinhe agora não
>Pau-piá
>Deixe-me cantar primeiro, etc.

Depois de preparado, o homem ia comer o passarinho mas este começou:

>Pau-piá
>Não me coma agora não, etc.

O homem comeu-o, pensando que já estava livre dele e daquela cantoria. Quando foi mais tarde, que quis ir "ao mato", vai o passarinho e cantou de novo:

>Pau-piá
>Não me "bote" agora não, etc.

Quando chegou – "agora, sim!" – viu-se foi aquela porção de diabinhos pretos, que saíram pulando e cantando...

Note-se também a semelhança que há entre o episódio final deste com o do conto O macaco e o moleque de cera, colhido por Sílvio Romero, onde há a mesma cena cômica dos macaquinhos que saem saltando e gritando[30].

O motivo do animal (pássaro ou peixe) que canta todas as vezes que vão pegar ou prepará-lo para comer aparece neste conto angolense colhido por Ladislau Batalha e que transcrevo no próprio original quimbundo, seguido da tradução daquele autor[31].

Ema ngateletele ngana Kimalaueza kia Tumba Ndala nakexiriê ni mukaji ê, ku rima ria kukala anga akalâ mukaji ê anga niza nimita. Muene kana kariê xitu, maji usema ngô mbiji. O riala ki aia mu tamba, ubeka ndumba ria jimbiji. O jimbiji anga jilengela mu ngiji iengi. O riala anga uambela o muhatu, uixi: – "Ngi ririkile huta", anga o muhatu uririka o huta anga o riala riia bu ngiji, bu alenguelele o jimbiji anga ubanga-bu o fundu iê anga uriâ. Ki azubile, uixi: – "Nguiia mu tamba", angâ utakula o nanda. Luarianga kakuateriê kima, lua kaiari kiomuene, o lua katatu anga uivua uaneme anga uivua moxi a menia muixi: – "Kinga, mbata mukuenu mukua-mona." Ki azubile o kukinga anga uivua ringui muixi: – "Sunga kiá!"

Anga usanga kimbiji kionene anga u ki ta bu mukamba anga umateka o kuenda. Maji o jimbi joso jakexile mu kaiela o kimbiji eki, o riala anga rivuajinga ngó mu iango: ualalá! ualalá! Ki akexile kiâ mu bixila ku bata, o muhatu uendele ku mu kauirila ni akua-riemba riê. Ki abixirile ku bata, o riala anga ribana o mbiji pala ku i banga. O muhatu pê anga uambela o riala, uixi: "Banga iú!" O riala uixi: "Nguami." O muhatu anga umateka o ku i banga. Maji o mbiji iákexili mu kuimba ixi: "Ki u ngi banga, ngi bang' ami kiamboti." Ki azubile anga u i ta mu-mbia, maji o mbiji ialexiriê hanji mu kuimba. O mbiji ki iabile, o

---

30 Sílvio Romero, Contos populares do Brasil.
31 Ladislau Batalha, A língua de Angola, Lisboa, 1891, pp. 48-60.

muhatu anga uririka malonga matanu anga ukuvitala o riala ni akuariembu riâ; ene angâ a ri tunâ. Muene angâ uria k'ubeka uê. Ki azubile anga ukatula o rixisa ni pexiiê anga uri zaea mu kanga, anga uivua mu rivumu muixi: "Ngitundila kuê?" O muhatu uixi: "Tundila ku makanda me'nana." O mbiji ia mu kumbuluile: "Ku inama iê, ku uenioriatela o matuji, kuene ku ngitundila?" O muhatu uixi: "Tundila mu kanu." "Mu kanu, mu ua ngi miniina, muene mu ngitundila?" O muhatu uixi: "Sota buoso, bu uandal." O mbiji ixi: "Eme ze ngitud'o!" anga o muhatu ubaza bu axaxi. O mbiji anga iiê.

Tradução livre:

Dizia eu que o senhor Kimalauezu de Tumba Ndala vivia há muito tempo com sua mulher, a qual por fim concebeu.
Não comia ela carne, almejando sempre pelo peixe.
Quando o homem ia à pesca, trazia sempre muitos peixes; pelo que, estes resolveram safar-se para outro rio.
Então disse o homem a sua mulher:
— Prepara-me comida.
E a mulher preparou-lha; depois do que tornou o marido àquele rio para onde os peixes haviam fugido, e ali estacionou, entrando a comer.
Quando acabou, disse:
— Bem! vou pescar!
E lançou a rede à água.
Da primeira vez nada apanhou, da segunda nada igualmente; da terceira, porém, sente-a mais pesada, e ouve uma voz que lhe dizia de dentro do rio:
— Espera, que este teu amigo é pai de família.
Esperou algum tempo, até que tornou a ouvir dizer:
— Puxa agora!
Arrastou para fora dágua um peixe muito grande, pô-lo às costas e principiou a andar.
Os peixes todos foram seguindo o homem, e ouvia-se dentre a relva saírem umas vozes que diziam:

– Ualala! Ualala![32]

Quando estava já perto de casa, a mulher saiu-lhe ao encontro com toda a vizinhança do lugar.

Ele entrou na sua cobata e entregou o peixe para cozinhar.

A mulher então disse:

– Escama-o tu!

Ao que o homem respondeu:

– Não quero.

A mulher entrou de escamá-lo, mas o peixe estava a cantar assim:

> Escamando-me tu,
> Escama-me bem.

Quando ela acabou a sua tarefa meteu-o na panela, mas o peixe continuava sempre a cantar. Logo que o cozinhado ficou pronto, arranjou ela cinco pratos, e convidou o marido e os vizinhos, mas todos recusaram; pelo que se resolveu a comer sozinha.

Quando acabou, puxou da esteira, pô-la no chão, e pegou no cachimbo, mas ouviu uma voz dentro da barriga a perguntar-lhe:

– Por onde hei de sair?

Ela respondeu:

– Sai pelas solas dos pés.

Ao que o peixe tornou a perguntar:

– Hei de sair pelas solas dos teus pés, com que costumas pisar as imundícies?

A mulher tornou-lhe:

– Sai pela boca.

– Pois hei de sair pela boca com que me engoliste?

A mulher respondeu-lhe:

– Procura por onde quiseres sair.

O peixe então tornou:

– Pois lá vou eu!

E a mulher estalou pelo meio.

O peixe, porém, foi-se embora.

---

32 Grito de admiração (explicação de Ladislau Batalha).

No conto *O beija-flor* e na variante *O beija-florzinho*, ambos ainda colhidos por J. da Silva Campos[33] na Bahia, a origem angola-conguesa é ainda mais nítida.

O beija-flor
Um casal que tinha uma filha muito linda, trazia-a escondida, com medo que algum rapaz a roubasse.
Certa vez, uma escrava que foi à fonte buscar água, viu um beija-flor cantando bonito assim:

> Esperança, esperança
> Hum-hum
> Tá... tá... tá-lê-lê
> Sentada no cazumba,
> Helena Pereira
> Hum-hum

A negra deixou-se ficar, encantada. Como demorasse, a mãe da moça mandou outra negra, que também lá ficou. Depois outra e mais outra. Afinal, todos os escravos que foram, ficaram presos pelo encanto do pássaro. Por fim, a própria mãe da moça foi e ficou. Restava a moça, que, não vendo ninguém voltar, foi à fonte, mas o beija-flor, logo que a viu, voou para ela, agarrou-a e desapareceram juntos.

O beija-florzinho
Mesma urdidura do precedente. Neste conto, o beija-flor canta assim:

> Helena, calena
> Do papo lundu
> Cajila, muquila,
> Zengue-zengue-zengue...
> Tuite...

---
33 Basílio de Magalhães, *op. cit.*, pp. 211-2.

Convém notar que muitos contos populares europeus que passaram ao Brasil são de animais que encontram o seu correspondente africano, o que explica todo um sincretismo daí resultante. Aliás, sairíamos dos propósitos deste trabalho se fôssemos esmiuçar a gênese dos contos de animais, o que nos levaria aos antigos folclores orientais, desde o Pantschatantra e o Hitopadexa aos fabulistas greco-romanos.

Há mesmo contos populares europeus de animais que encontram o símile perfeito na África. *O gato de botas*, por exemplo, que Saintyves comparou com versões do oeste africano, do Zanzibar e dos *Swakili*[34]:

A transição dos contos africanos e afro-brasileiros, de animais para outras formas onde surgem entidades fantasmais, meio humanas, meio animais, ou para outros contos de caráter mais civilizado, é insensível. Às vezes, há encontro de dois ou mais temas pertencentes a fases diversas de cultura. De origem africana, por exemplo, temos toda uma série de contos de metamorfose. Destes, os pertencentes ao ciclo do Quibungo merecem-nos uma atenção especial.

---

34 P. Saintyves, *Les contes de Perrault*, Paris, 1923, pp. 470 ss.

CAPÍTULO VII | Os contos do Quibungo e o ciclo de transformação

Entre os povos atrasados, o folclore dos animais, revelando um contato psíquico estreito entre o homem e o animal, numa espécie de vida comum (*Zusammenleben*), conduz-nos insensivelmente à crença nos seres míticos, meio homens, meio animais, de que estão cheias as lendas da humanidade.

Estes seres míticos do folclore reconhecem, em última análise, uma origem totêmica: o antepassado da tribo, herói animal ou planta. O antepassado totêmico dos australianos é chamado, por exemplo, às vezes, homem-canguru ou canguru-homem[1], de acordo com as observações de Spencer e Gillen. Isto é meio caminho percorrido para a crença nos homens-animais, licantropos e entidades míticas, fantasmais, antropomórficas.

A crença do licantropo, aliás, não existe apenas entre os povos chamados primitivos. É uma velha superstição européia de longínquas origens. Conta-nos Andrew Lang[2] que, das lendas européias do *loup-garou*, a mais curiosa é talvez a referida por Giraud de Cambrai, onde se trata de um casal de crentes que foram metamorfoseados em lobos por um abade; tinham guardado o dom da palavra, continuaram exemplares cristãos e não se esqueceram de procurar

---
[1] Vide Lévy-Bruhl, *L'Âme primitive*, Paris, 1927, pp. 47 ss.
[2] Andrew Lang, *Mythes, cultes, réligions*, trad. franc., Paris, 1896, p. 112.

a confissão ao sentirem se aproximar a última hora. Uma rápida revista pelos povos antigos, com a ajuda de Tylor[3], mostra-nos que a crença nos homens-tigres, nos homens-lobos, existe com uma freqüência de pasmar, na Índia e em outros povos orientais.

Nas *Bucólicas*, Virgílio[4] refere-nos que Moeris se transformou em lobo, por meio de ervas venenosas, evocando as almas dos sepulcros e enfeitiçando as messes, o que revela o motivo mítico-lendário de então, da crença do licantropo:

> Has herbas, atque hoec Ponto mihi lecta venena
> Ipse dedit Moeris; nascuntur plurima Ponto.
> His ego saepe lupum fieri, et se condere sylvis
> Moerin, saepe animas imis excire sepulcris,
> Atque satas alio vidi traducere messes

Uma narração clássica é a de Petrônio que nos fala da transformação de um *versipellis* (que muda de forma): um lobo foi ferido, e o homem que se ocultava sob a sua forma apareceu ferido também, traindo assim o seu segredo. Refere-nos ainda Tylor que, no tempo de Santo Agostinho, os mágicos persuadiam às suas vítimas que, por meio de determinadas ervas, podiam metamorfosear-se em lobos. Ainda as legendas escandinavas apresentam seus guerreiros *loup-garous* e *versipellis* (*hamrammr*) que tinham acessos de loucura furiosa. Do mesmo modo, os dinamarqueses, os eslavos, os gregos.

As histórias populares do *Wolf-gürter* (cinturas de lobo), na Alemanha do norte, ainda revelam a mesma velha crença do homem-lobo, *loup-garou*[5] francês ou *werewolf* inglês.

A crença nos *loup-garous* tornou-se tão disseminada na Europa que, em 1573, o parlamento francês expediu um mandato de expulsão contra eles. E cita-se a curiosa história de Baring-Gould que

---

3 E. Tylor, *La civilisation primitive*, trad. franc., t. I, Paris, 1876, pp. 352 ss.
4 Virgílio, *Bucol.*, VIII, 95; cf. Tylor, *loc. cit.*
5 O termo *loup-garou*, aliás, corresponde ao anglo-saxão *were-wolf*, cuja forma primitiva *gerulphus* deu *garoui* e depois o *garou* da locução francesa (cf. Tylor, *op. cit.*, p. 359).

não pôde encontrar um guia na França para atravessar à noite um lugar deserto, com medo aos *loup-garous*, fato que o inspirou a escrever o seu *Book of Werewolves*.

Os povos primitivos da América, Oceania, África, têm essa crença generalizada nos homens-tigres, homens-leopardos, homens-hienas, etc.[6] Na África ocidental, desde a Serra Leoa até o Congo, há a crença mítica nos homens-leopardos, nos homens-panteras. Há mesmo corporações organizadas como as "sociedades de leopardos" da Libéria, do Gabão, dos Camarões, etc., e em algumas delas se praticam verdadeiras antropofagias rituais. No Sudão, na África ocidental, o animal que substitui o lobo das crenças européias é um cão selvagem, a *cynhyena* (*Lycaon pictus*), que desempenha papel importante nas legendas totêmicas dos baulê[7].

O negro africano acredita assim na existência de outra personalidade que habita a forma aparente do indivíduo. Em algumas tribos, esta segunda individualidade é um espírito dos antepassados, que atravessa uma longa cadeia de gerações. Os negros da Costa do Ouro, os tshis e os eves, dão a esse espírito o nome de *kra* que, de acordo com as observações de Ellis[8], corresponderia um pouco àquilo que chamamos "alma".

Ora, se este espírito antepassado é um herói totêmico, animal ou planta, fica explicada a crença do primitivo na transformação do homem em seu espírito. É o totem que se revela nele em sua forma aparente, de leopardo, hiena ou tigre.

No Brasil, temos o correspondente do licantropo no *lobisomem*[9], crença a que já fiz referências em *O negro brasileiro*, no capítulo sobre a possessão fetichista. No Nordeste "os doentes de amarelão, 'empambados', 'come-longes', extenuados pela anemia, transfor-

---

6 Vide, p. ex., Tylor, *op. cit.*, pp. 355 ss., e Lévy-Bruhl, *op. cit.*, pp. 182 ss.
7 L. Tauxier, *La religion Bambara*, Paris, 1927, pp. 72 ss.
8 A. B. Ellis, *The ewe-speaking peoples* e *The tshi-speaking peoples of West-Africa*; cf. Lévy-Bruhl, *op. cit.*, pp. 239-44.
9 Vide João Ribeiro, *O folclore, cit.*, p. 36; Gustavo Barroso, *Ao som da viola (Folclore)*, Rio de Janeiro, 1921, pp. 703 ss.; id., *O sertão e o mundo*, Rio de Janeiro, 1923, pp. 57 ss.

mar-se-iam em lobisomens, nas noites de quinta para sexta-feira. Há um fundo de verdade nesta crendice. A ancilostomíase, acarretando distúrbios cenestésicos, pode provocar em débeis e predispostos mentais sintomas de alucinação da cenestesia, podendo levar até aos fenômenos de transformação da personalidade"[10].

O lobisomem brasileiro é uma concepção onde intervêm velhas crenças européias acrescidas de crenças totêmicas e míticas, de origens ameríndia e africana.

O riquíssimo folclore dos negros africanos reflete essas crenças nos lobisomens, nas personagens míticas meio homens, meio animais, nos seres mistos que se transformam, num mundo de magia e fluidez. No decurso da narração desses contos, onde o herói é um animal, o narrador a certa altura percebe que o herói se transforma em homem e vice-versa. No folclore sul-africano, há vários exemplos disso, de acordo com as observações de Callaway entre os zulus, de Doke entre os lambas, de Chatelain em Angola...[11]

Chegamos assim à crença no *Kimbungu*, entre os angola-congueses, que originou todo um ciclo de contos que passaram ao Brasil. O *kimbungu* ou *chibungo* (*n'bungo*, *tchimbungu*) é o lobo, para os povos bantus[12]. Cannecatim apresenta-nos as formas *luibúngua*, conguesa, e *quibungu* em *mbundu* para designar o lobo[13].

Entre os povos da Lunda, não há distinção entre o homem e o animal. Assim, conforme anota o major Dias de Carvalho, o nome de um animal dado a um homem representa uma categoria:

> O *chibungo* "lobo", por exemplo, considerando-se como tal, tornou-se o protetor dos seus semelhantes, afasta-os dos laços ou armadilhas e qualquer caçador a seu lado nem se atreve a apontar a arma para eles.

---
10 Arthur Ramos, *op. cit.*, p. 191.
11 Vide Lévy-Bruhl, *La mythologie primitive*, Paris, 1935, pp. 269 ss.
12 Vide H. Capello e R. Yvens, *De Benguela às terras de Iácca*, v. I, Lisboa, 1891, pp. 19 e 98.
13 Cannecatim, *A língua bunda ou angolense*, Lisboa, MDCCCLIX, p. 148.

Perante indivíduos de maior categoria o *Chibungo* não fala, imita o animal no seu olhar desconfiado, nos movimentos, gritos, modo de acometer.

A sua saudação, ao entrar no círculo de circunstantes, anunciada como a de todos pelas palmadas sacramentais, reduz-se a um olhar baixo para todos os lados e a uns sons guturais e cavernosos, até que o potentado olhe para ele e levante o braço direito em sinal de que agradece o cumprimento.

Um som rápido, abaixando a cabeça, é uma afirmativa; prolongando o som e movimento de cabeça para a direita como enfastiado, é uma negativa.

Só fala quando o potentado o interroga, procurando sempre acompanhar-se dos gestos e dar ao rosto a expressão do animal que representa.[14]

Entre os povos bantus, a crença no Quibungo, como entidade fantasmagórica, meio animal, meio homem, existe tanto nos contos populares, como em certos acontecimentos da vida comum[15].

No Brasil, o Quibungo, a avaliar-se pelos contos populares colhidos por Nina Rodrigues e Silva Campos, é um bicho de cabeça enorme e com um buraco nas costas, onde atira os meninos que persegue para comer. Metade homem, metade animal, o Quibungo afro-brasileiro pode emparelhar-se à vasta série dos lobisomens da crendice universal. Seguem-se dois contos do Quibungo, colhidos por Nina Rodrigues[16].

O Quibungo e o homem (versão de Nina Rodrigues)

Quibungo é um bicho meio homem, meio animal, tendo uma cabeça muito grande e também um grande buraco no meio das costas,

---

14 Dias de Carvalho, *Etnografia e história tradicional dos povos da Lunda*, cit., p. 128.
15 Vide exemplos in Lévy-Bruhl, *op. cit.*, pp. 273 ss.
16 Nina Rodrigues, *op. cit.*, pp. 301-4. É para notar-se que o autor grafou *kibungo*. Os negros baianos pronunciam o termo, porém, de duas formas, conforme ouvi em nossos dias: *quibungo*, com a exata significação primitiva, e *chibungo*, que tende hoje a adquirir uma significação depreciativa, na gíria popular (sinônimo de homossexual).

que se abre, quando ele abaixa a cabeça, e fecha, quando levanta. Come os meninos, abaixando a cabeça, abrindo o buraco e jogando dentro as crianças.

Foi um dia, um homem que tinha três filhos, saiu de casa para o trabalho, deixando os três filhos e a mulher. Então apareceu o Quibungo que, chegando na porta da casa, perguntou, cantando:

> De quem é esta casa,
> auê
> como gérê, como gérê,
> como érá?

A mulher respondeu:

> A casa é de meu marido,
> auê
> como gérê, como gérê,
> como érá.

Fez a mesma pergunta em relação aos filhos e ela respondeu que eram dela. Ele então disse:

> Então, quero comê-los,
> auê
> etc., etc.

Ela respondeu:

> Pode comê-los, embora,
> auê
> etc., etc.

E ele comeu todos três, jogando-os no buraco das costas.

Depois, perguntou de quem era a mulher, e a mulher respondeu que era de seu marido. O Quibungo resolveu-se a comê-la também, mas, quando ia jogá-la no buraco, entrou o marido armado de uma espingarda de que o Quibungo tem muito medo. Aterrado, Quibungo corre para o centro da casa para sair pela porta do fundo, mas não achando, porque as casas dos negros só têm uma porta, cantou:

> Arrenego desta casa,
>   auê
> Que tem uma porta só,
>   auê
> Como gérê, como gérê,
>   como érá.

O homem entrou, atirou no Quibungo, matou-o e tirou os filhos pelo buraco das costas. Entrou por uma porta, saiu por um canivete, el-rei meu senhor, que me conte sete.

O Quibungo e a cachorra (versão de Nina Rodrigues)
Foi um dia uma cachorra cujos filhos, todas as vezes que ela paria, eram comidos pelo Quibungo. Então, para poder livrar os novos filhos do Quibungo que queria comê-los, meteu-os num buraco e ficou sentada em cima, vestida com uma saia e um colar no pescoço. Chegando o Quibungo e vendo a cachorra assim vestida, a desconheceu e teve medo de aproximar-se. Então, passando o cágado, ele perguntou-lhe:

> Otavi, ôtavi, longôzôê
> ilá ponô êfan
> i vê pondêrêmun
> hôtô rômen i cós
> assenta ni ananá ogan
> nê sô arôrô ale nuxá.

O cágado respondeu: "Não sei, Quibungo."
Passou a raposa. Quibungo fez a mesma pergunta cantando, e a raposa respondeu que não sabia. Passou, então, o coelho e o *kibungo* fez-lhe ainda a pergunta; foi quando este disse: "Ora, Quibungo, você não

conhece a cachorra vestida de saia com o colar no pescoço?" Aí, o Quibungo correu atrás da cachorra para matá-la, e esta atrás do coelho. Nesta carreira entraram pela cidade. Os homens mataram o Quibungo e a cachorra matou o coelho. Entrou por uma porta, saiu pela outra, rei meu senhor, que me conte outra.

A estes dois contos de Nina Rodrigues pode-se acrescentar o seguinte, ouvido por Basílio de Magalhães de uma preta baiana[17]:

O Quibungo e o filho Janjão

Era uma vez um Quibungo que casou com uma negra, da qual teve uma porção de filhos. Mas ele comia todos os filhos. O último, que nasceu, a mulher escondeu num buraco, para que o Quibungo não o comesse. Tinha o nome de Janjão, e a mãe recomendou muito a ele que, quando o pai chegasse do mato e chamasse por ele, falando em voz muito grossa, ele não saísse do buraco. Que ela, quando o chamava para lhe dar comida, sempre falava com a sua voz fina de mulher, que ele bem conhecia. Ora, um dia, em que o Quibungo não achou bicho nenhum para comer no mato, nem menino para papar na cidade, onde também, às vezes, andava de noite, voltou muito fraco para casa, onde não havia outra carne senão a do filho, que estava escondido. Então, falando com voz fina, pela fraqueza, cantou:

> Toma lá curiá, meu filho!
> Toma lá curiá, meu filho!

Janjão, pensando que era a mãe, que voltava da cidade e lhe trazia a comida de que ele tanto gostava, saiu do buraco e o Quibungo o agarrou, para comê-lo. O pobrezinho do Janjão, chorando, cantava:

> Minha mãe sempre me dizia
> Que o Quibungo me comeria...
> Minha mãe sempre me dizia
> Que o Quibungo me comeria...

---
17 Basílio de Magalhães, *O folclore no Brasil*, cit., pp. 105-6.

E o Quibungo comeu o último filho e a mulher morreu de desgosto. E por isso é que o Quibungo não tem mais mulher nem filhos.

J. da Silva Campos, continuando a coleta de contos do recôncavo baiano, registrou ainda os seguintes contos, que se podem filiar ao ciclo do Quibungo (assim está na sua grafia) e aqui resumidos[18]:

A aranha-caranguejeira[19] e o Quibungo

A aranha-caranguejeira tinha que atravessar um rio muito largo, a fim de alcançar uma árvore carregada de frutos doces e maduros. Para isso, a aranha procurou o auxílio de vários animais, o urubu, o jacaré, enganando-os depois. Por fim, encontrou o quibungo, "macacão todo peludo, que come crianças", que pegava os peixes no rio e atirava-os para trás das costas. A aranha chegou devagarinho e comeu os peixes um a um. Quando o Quibungo procurou os peixes e não os encontrou, pegou uma discussão danada com a aranha. Afinal saíram andando e a aranha conseguiu enganar o Quibungo, amarrando-o num toco de árvore com cipó grosso. O Quibungo ficou ali preso uma porção de tempo e, quando conseguiu se soltar, jurou vingar-se da aranha. Escondeu-se próximo do bebedouro onde todos os bichos iam beber água, à espera da aranha. Mas esta meteu-se num couro de veado, foi à fonte, bebeu água sem ser reconhecida pelo Quibungo.

O Quibungo e o menino do saco de penas

Um menino começou a juntar penas de vários animais, que ia guardando num saco. Um dia, a família toda foi pescar num lugar onde diziam haver quibungo. De fato, ao começarem a pescaria ouviram um ronco enorme dentro do mato. "*É o Quibungo!*" – gritaram. Mas o menino não se importou. Distribuiu todos em fila, entregando a cada um uma pena da asa e outra do rabo de passarinho. Quando o

---

18 *Id.*, *ibid.*, pp. 217-28.
19 A aranha deste conto pode filiar-se ao ciclo da aranha (*anansi*) da Costa do Ouro. Vide A. B. Ellis, *The yoruba-speaking peoples*, etc., cf. Nina Rodrigues, *op. cit.*, p. 277. Sobre o papel heróico da aranha na África, vide ainda M. Delafosse, *Le roman de l'Araignée chez les Baoulé de la côte d'Ivoire*, Rev. d'Ethnographie et des Trad. Populaires, 1920.

Quibungo chegou, que estendeu a mão para o primeiro da fila, o menino cantou:

> – Esse é meu pai,
> Auê
> Gangaruê, tu cai,
> Não cai

O Quibungo deu um urro – *exe!* –, encolheu a mão e procurou agarrar o segundo da fila. O menino cantou:

> Essa é minha mãe, etc.

E assim por diante, sem que o Quibungo pudesse alcançar ninguém. Quando chegou junto do menino, este prendeu as penas de modo que todos criaram asas e saíram voando até a casa. Lá fizeram um grande buraco e ficaram à espera do Quibungo. Quando este chegou, caiu dentro do buraco e lá o mataram.

A menina e o Quibungo

Uma menina gostava muito de sair de noite. A mãe ralhava com ela, chamando-lhe a atenção para o Quibungo que pega os meninos de noite. A menina não se importou e uma noite o Quibungo agarrou-a e ia levando-a para comer. A menina começou a cantar:

> – Minha mãezinha
> Quibungo tererê,
> Do meu coração
> Quibungo tererê
> Acudi-me depressa,
> Quibungo tererê,
> Quibungo quer me comer

Ao que a mãe da menina respondeu:

> Eu bem te dizia
> Quibungo tererê
> Que não andasses de noite
> Quibungo tererê

A menina continuou gritando, mas ninguém quis acudi-la. Mas a avó preparou um tacho com água fervendo e, quando o Quibungo ia passando, sacudiu-lhe a água em cima. O Quibungo deu um pulo e a velha acabou matando-o com um espeto em brasa, e salvando a neta.

Uma variante do conto de Nina Rodrigues, já transcrito. Apenas, em vez de cantar, "de quem é esta casa, etc.", o Quibungo canta assim:

O bicho Cumunjarim

> De quem é este menino
> Cumunjarim
> Cumunjarim gombê, hum

Ao que responde a mulher:

> – Este menino é de meu marido
> Cumunjarim
> Cumunjarim gombê, hum

Replica o Quibungo:

> – Pois eu já vou comendo ele, etc.

O resto como em "O Quibungo e o homem".

Filiados ao ciclo do Quibungo, mas já com intromissão de elementos europeus e ameríndios, podem ser considerados os contos ainda colhidos por Silva Campos: "Titi-maruê", "O bicho-homem" e

"O lobisomem". Insensivelmente caímos num vasto sincretismo, onde vamos encontrar entidades fantasmais das águas e dos matos, de procedência africana, européia e ameríndia: mães-d'água, com todas as suas variantes, tutus, tutus-zambês, juruparis, caiporas, boitatás, com as respectivas variantes regionais[20]. O seu estudo excede o âmbito deste trabalho, reservado ao folclore de procedência negra.

Uma série de contos, totêmicos ou de outra procedência mas que têm um caráter comum, são os contos chamados *etiológicos* ou *explicativos*. Certo não me refiro, aqui, às concepções do primitivo sobre a gênese do mundo, dos astros e dos deuses, mas aos contos secundários onde se procura explicar a gênese de fatos isolados ou parciais da vida humana e das coisas da natureza. O folclore africano possui uma multidão de contos desta espécie[21], que fazem lembrar as fantasias da fase infantil do *por quê*, conhecida por todos os pedagogos. Na América, há contos etiológicos típicos de origem negra. Veja-se, por exemplo, o conto explicativo de Uncle Remus, "Por que o negro é preto"[22].

O conto seguinte, colhido por Nina Rodrigues, na Bahia, pertence a esta série explicativa, o que denota a profunda influência africana exercida no Brasil[23]:

Porque das mulheres, umas têm os peitos grandes e outras pequenos

Um homem tinha um cachorro (cão) de raça, muito bom. Quando ia às matas, se matava sacuê (galinha-d'angola) ou outro bicho, vinha trazer ao dono. E este já estava acostumado. Um dia que ele foi à caça com seu cachorro, este matou uma sacuê e a trazia ao dono, quando uma mulher, muito grande e valente, de peitos tão grandes que caíam

---

20 Vide, para uma síntese dessas lendas regionais no Brasil, Basílio de Magalhães, *op. cit.*, pp. 91-111.
21 Vide exemplos in *Afrikanische Legenden*, *op. cit.*, p. 23: "Warum das Weib dem Manne untertan ist" (Dahome); p. 29: "Der Ursprung der Fische und der Finsternis" (Dahome); pp. 163 ss.: "Der Ursprung der Masken", "Der Ursprung des Eisens", "Wie Man das Feuer entzündete..." (Bakuba); p. 208: "Warum wir sterben" (Baholoio), etc.
22 Joel Chandler Harris, *op. cit.*, pp. 145-6.
23 Nina Rodrigues, *op. cit.*, pp. 305-7.

no chão e faziam um grande barulho quando ela andava, não só tomou e comeu a sacuê, como o cachorro. O dono cansou de chamar, o cachorro não veio. No dia seguinte, ele voltou ao mato e principiou a procurar o cachorro e a cantar:

>Avun-cê, mababú,
>Avun-cê, nôgô-é-zin,
>Avun-cê, mababú,
>Avun-cê, nôgô-zo,
>Avun-cê, mababú,
>Avun-cê, nôgô-abô,
>Avun-cê, mababú,
>Avun-cê, aúê-na
>A son côticolô kê
>>búbúm

De repente, apareceu-lhe a tal mulher enorme, de peitos volumosos, que toda enfurecida e batendo com os pés no chão cantou ameaçadora:

>Náná né die, paraiá
>Un só aun tõédu, paraiá
>Tô, tô, tô, pacraiá

(Que ela tinha o direito de comer tudo o que se mata; que tinha sido ela quem comeu a sacuê e o cachorro; que quem quisesse se aproximasse.)

O homem fugiu e foi contar o caso ao rei.

O rei reuniu logo muitos homens e todos armados seguiram para o mato, para ver a mulher de peitos enormes. Chegando lá, o homem pôs-se a cantar e assim que acabou apareceu de repente a mulher que lhe respondeu da mesma forma e todos deitaram a fugir.

À vista disto, o rei mandou chamar homens de outras terras e com eles foi de novo procurar a mulher. Assim que o dono do cachorro acabou a sua cantiga, a mulher apareceu e logo que acabou de cantar todos correram outra vez.

Então, as mulheres da terra disseram que, como os homens já tinham ido três vezes combater a mulher de peitos grandes, e tinham sido batidos e haviam corrido, desta vez iriam elas. Não quiseram saber de espadas, nem de armas, cada qual se apoderou de colher, de vassoura, de panela, etc. Quando a expedição chegou aos matos e o homem do cachorro cantou a sua cantiga, a mulher monstro apareceu.

Caíram as mulheres sobre ela de colher, de vassoura, de panela e para logo a mataram. Então, cada qual tratou de apoderar-se de um pedaço do peito da mulher; as que puderam apanhar um pedaço grande tiveram os peitos muito grandes, as que só alcançaram um pedacinho ficaram de peito pequeno, e é por isso que as mulheres não têm peitos do mesmo tamanho.

Encontramos, por fim, contos populares brasileiros, tidos como de origem ariana, mas possuindo versões correspondentes na África, quer para todo o conto, quer para alguns dos temas principais. Nina Rodrigues já havia apontado alguns exemplos. "A menina dos brincos de ouro", colhido pelo mestre baiano na Bahia e no Maranhão (aliás conhecido em outros pontos do Brasil), refere a história do velho que agarrou uma menina na fonte e a escondeu no surrão que ia exibindo onde chegava, dizendo:

> Canta canta, meu surrão
> Senão te meto este bordão

O surrão, isto é, a menina presa lá dentro, respondia, cantando:

> Neste surrão me meteram
> Neste surrão hei de morrer
> Por causa d'um brinco d'ouro
> Que na fonte eu deixei[24]

---

24 Em Alagoas, colhi a seguinte variante:
    Meus brinquinhos d'ouro
    Que eu na fonte deixei

A cantoria ia despertando suspeitas, até que umas moças resolveram libertar a menina, retirando-a do saco e enchendo-o de pedras.

Nina Rodrigues encontra o equivalente deste conto brasileiro num colhido por Ellis, na África, "Meu *alô* é a respeito de uma mulher chamada *Olu*", onde se conta a história da tartaruga que meteu o filho de Olu num grande tambor que cantava exatamente como na história do surrão.

Ainda para o conto brasileiro da Madrasta onde, como se sabe, a madrasta cruel manda enterrar vivas as enteadas que cantam quando o capineiro vai ceifar o capinzal crescido na cova, Nina Rodrigues encontra equivalente num conto da costa ocidental africana[25]. Neste conto, é um irmão que mata o outro. O cadáver fica no mato e, meses depois, no seu lugar nasce um *olu*, cogumelo comestível, que canta quando as pessoas o vão colher. Assim, descobre-se o crime e o morto ressuscita, tal qual na história das enteadas, que são encontradas vivas na cova.

Nesta ordem de estudos acabaremos encontrando, na África, versões correspondentes de quase todos os contos populares europeus, transportados para o Brasil. Basta acompanhar a exegese de Saintyves para os contos de Perrault, introduzidos no Brasil pelos europeus. Do ciclo das madrastas ou da mãe cruel, temos ainda a história das fadas, onde a boa enteada, em recompensa das boas ações, deita, ao falar, rosas pela boca, enquanto a filha má vomita víboras e sapos. Há um conto correspondente no oeste africano, entre os haussás, colhido por Equilbecq[26]. É a história de Auá e Alimata, onde há a mesma moral da recompensa da boa enteada e do castigo da má filha.

        Este velho me furtou
        Sem minha mãe saber

E na Bahia, os primeiros versos, ouvi-os assim:
        Neste surrão me meteram
        Neste surrão morrerei, etc.

25 Nina Rodrigues, *op. cit.*, pp. 287-91.
26 F. V. Equilbecq, *Contes indigènes de l'Ouest africaine*, citado por Saintyves, *Les contes de Perrault et les récits parallèles*, Paris, 1923, p. 28.

Maria Borralheira também tem a sua correspondente africana. Há um conto popular de Madagascar[27] em que Fara é tratada como criada por suas duas irmãs. Mas Fara é protegida por um rato que lhe fornece lindas vestes para que ela possa ir aos bailes do rei. Na última noite, Fara perde uma das suas sandálias de ouro. O rei decide casar-se com aquela a quem pertença a sandália. O rato acaba encontrando a sandália e levando-a ao rei que desposa Fara. Convém notar que esta tem também o nome de Sandroy (analogia com Cendrillon, nomes universais que significam a menina das cinzas ou do borralho: Borralheira, Portugal e Brasil; Cenicienta ou Ventafochs, Espanha; Staetopouta, Grécia; Cennerentola e Cenerelle, Itália; Aschenbrödel, Alemanha; Cinderella, Inglaterra e América do Norte, etc.).

A história das proezas do Pequeno Polegar encontra todo um ciclo na África, que Saintyves filia ao tema da iniciação do adolescente, ligado aos ritos da circuncisão. Na África do Sul, são extremamente difundidos os contos de Semumu, o Pequeno Polegar dos bantus, ainda chamado Sikulumé e Sékholomi, de acordo com as coletâneas de Call Theal, Jacottet e Junod[28]. Todos estes contos giram em torno das cerimônias de iniciação do jovem Semumu que, logo após a circuncisão, vai se retirar para o *mopato*, lugar deserto na floresta, onde ninguém pode entrar, sob pena de morte. O iniciado passa vários meses nesse lugar deserto e deve realizar várias provas, para adquirir os privilégios de varão da tribo. Nestas provas Semumu tem de encontrar uma criatura temível, comedora de gente, que toma várias formas conforme as tribos. E é ainda Semumu que salva os seus irmãos das garras desta criatura terrível, canibal, ogre, ou velha mulher aterrorizante, como nos contos europeus (entre os bassutos, a personagem terrível é um pássaro chamado Koupou ou Selomakoupou).

---

27 G. Ferrand, *Contes populaires Malgaches*, citado por Saintyves, *ibid.*, p. 118.
28 Cf. Saintyves, *ibid.*, pp. 256 ss.

Na África do Norte, Semumu tem o nome de Ngemanduma. Trilles colheu-lhe a história no Gabão[29]. Ngemanduma era pequenino, raquítico e feio. Só a cabeça era enorme e por isso o chamavam o Pequeno Cabeçudo (Petit Grosse-tête). Os pequenos do local são atraídos um dia pelo som do tambor que vinha da floresta. Ngemanduma adverte-os para que não vão e eles não acedem. Seguem todos atraídos pelo tam-tam e esbarram, já de noite, diante de uma grande casa de pedra toda iluminada. É lá que ressoa o tam-tam da festa. É a casa de Ezuzum, a morada do ogre. Os meninos entram e isto é o que Ezuzum queria, pois começa a preparar a faca para matá-los e a marmita com água fervendo para cozinhá-los. Mas Ngemanduma salva a todos, aproveitando o momento em que Ezuzum vai buscar lenha. Os meninos ateiam fogo à casa. Ezuzum corre, de volta, mas o teto desaba em cima dele. E morre queimado, enquanto os meninos cantam:

> Ah! ah! ah! yélé, oh, yélé
> O fogo grelhou o gordo Ezuzum,
> O fogo matou o gordo Ezuzum,
> O fogo comeu o gordo Ezuzum,
> Ah! ah! ah! yélé, oh! yélé, oh!
>
> O fogo comeu, kri, kri, kri,
> Aquele que queria nos comer!
> Onde está sua grande faca, a água e a marmita.
> Ah! ah! ah! nos vamos rir
> Graças a Ngemanduma

Em outros pontos, o desenvolvimento temático é o mesmo. Entre os berberes, há todo um ciclo idêntico de histórias do pequeno herói Mkidech ou Mekidech[30] e em todas elas reconstituímos os te-

---
29 P. H. Trilles, *Proverbes, légendes et Contes Fang*, citado por Saintyves, *ibid.*, p. 264.
30 H. Basset, cf. Saintyves, *ibid.*, pp. 268-72.

mas do Pequeno Polegar: 1º a exposição na floresta; 2º o caminho reconstituído; 3º a estada na casa do feiticeiro ou da feiticeira; 4º a fuga e a destruição do feiticeiro pelo fogo e da feiticeira pela água.

Há muitos outros contos africanos, onde encontramos um ou mais dos temas do Pequeno Polegar, e esta freqüência levou Saintyves a pensar numa origem greco-africana na explicação do Petit Poucet de Perrault e do Daumesdick de Grimm (comparem-se ainda as botas de Hermes e as botas de sete-léguas do Pequeno Polegar). Seria uma história ritual da velha África, a iniciação do adolescente, que viria agora explicar um conto popular europeu. O assunto nos desviaria do trabalho presente[31]. Temas de outros contos de Perrault, Barba-azul, Riquette da Crista, ainda são encontrados em pleno coração da África, embora com menos clareza que para os contos do ciclo das madrastas e do Pequeno Polegar.

As analogias vão aumentando à medida que nos aproximamos da África do Norte, entre os povos de civilização maometana. Mas sairíamos dos propósitos deste trabalho se fôssemos analisar a influência do folclore dos povos maometanos no Brasil, influência que mesmo através da península ibérica já se fizera sentir, com a civilização moçárabe. *Sheherazade e as mil e uma noites* já constituem um patrimônio universal.

---

31 Vide Saintyves, *op. cit.*, pp. 347 ss.

CAPÍTULO VIII | Psicanálise dos contos populares

Estudando as culturas africanas através dos mitos, fábulas e contos populares, Frobenius discriminou quatro grupos principais dessas formas da literatura anônima, enquadrando-os no que chama a *mística natural*, a *magia natural*, o *realismo romântico* e o *realismo racionalista*[1]. Na *mística natural* (*Stile natürlicher Mystik*), estuda Frobenius os mitos primitivos, os segredos da vida e da morte, o drama do Cosmos, as concepções e histórias dos deuses, nas várias culturas do Sudão ocidental e na Rodésia do sul até os povos bantus. A *magia natural* (*Stile natürlicher Magie*) é o apanágio dos povos orientais e a sua curva cultural reflete esta direção. A poesia, as práticas de puro xamanismo têm uma origem oriental. As fábulas dos Kabilas são histórias mágicas, de transformações ilusórias de puro estilo oriental. No quadro do *realismo romântico* (*Stile der romantischen Realistik*) podem-se nuclear todos os contos de animais, a forma mais típica da literatura anônima africana. São fábulas de animais, existentes em toda a África, com transição gradual aos contos históricos e realistas. No *realismo racionalista* (*Stile der rationalistischen Realistik*) enquadram-se os contos e narrações aventureiras, o

---

1 Leo Frobenius, *Kulturgeschichte Afrikas. Prolegomena zu einer historischen Gestaltlehre*, 1933, pp. 247-430. A obra folclórica, propriamente dita, de Frobenius, acha-se nos doze volumes de *Atlantis*, 1921-1928.

ciclo das histórias de heróis – as histórias de Samba Kulung, por exemplo, verdadeiro livro de cavalaria e de amor africanos[2].

Já estudamos, em seus traços gerais, a mítica e a magia africanas em *O negro brasileiro* e nos capítulos iniciais do presente volume. Continuamos com o mesmo método na análise das outras formas da literatura anônima africana que passaram ao Brasil. A mesma evolução da curva cultural observamos aqui. Fragmentos míticos e mágicos incorporaram-se gradativamente aos contos populares, cuja transição é observável – das narrações míticas aos contos totêmicos, aos contos de transformação e aos contos realístico-históricos.

Os contos do ciclo dos animais constituem evidentemente uma forma cultural africana diferente dos análogos europeus, o que importa no considerá-los com critério diverso. Possuem um *valor paideumático*[3] próprio. Os indígenas baluba não confundem os seus *tushimuni* (contos) com as fábulas européias a que chamam *Mukanda na M'putu*. Referindo-se Frobenius certa vez às fábulas de Esopo (*su mukanda*), esses balubas desataram a rir: essas fábulas não eram *tushimuni*, mas coisas de *mukanda*. E explicaram[4]:

> Nos *tushimuni* vivem *gabuluku* (pequenos antílopes que ali desempenham o papel da raposa da fábula), *ngulu* (javali), *kashiama* (leopardo). Quando se contam *tushimuni*, falam *gabuluku*, *ngulu* e *kashiama*. Nas coisas de *mukanda* só se diz, em troca, o que fizeram uma vez, o que antes aconteceu com eles uma vez. *Tushimuni* são todos os dias, são ontem, hoje, amanhã; coisas de *mukanda*, ao contrário, foram uma vez; coisas de *mukanda* são mortas.

Conclui Frobenius que esses africanos estão mais próximos da "compreensão demoníaco-intuitiva da base paideumática" do que

---

2 Vide também Frobenius, *El decamerón negro*, cit., p. 11.
3 O *paideuma* é, para Frobenius, a "alma da cultura". A cultura é um ser vivo, com suas "curvas", "polaridades", "dimensões", "intensidades", "estilos", "formas", "estruturações"... Vide Frobenius, *Opera omnia* e esp. *La cultura como ser viviente*, trad. esp., Madri, 1934, *passim*.
4 *Id., ibid.*, p. 43.

nós outros, "homens de uma civilização dominada pelo intelecto". Frobenius ultrapassou as concepções dos puros adeptos do método histórico-cultural. Ele descobre um sentido psicológico, genético, nas culturas que os historicistas se contentaram de arrumar em simples áreas descritivas. Neste ponto, Frobenius aproxima-se dos etnógrafos do método comparativo, dos psicossociólogos e dos psicanalistas. O paideuma, em última análise, não seria mais do que a lei de *participação*, nas culturas primitivas, no sentido de Lévy-Bruhl. Com efeito, que exprime essa "alma da cultura", essa ligação do indivíduo ao seu complexo cultural, essa intromissão da alma individual na alma coletiva e a repercussão recíproca desta naquela?

Nos contos populares de animais, quando o primitivo julga que os fatos narrados são existentes e atuais, que o animal fala e age, que estabelece ligações com os seres humanos, temos aí esta forma de "vida comum" (*Zusammenleben*), do grupo com o animal, em laços psíquicos íntimos, função da "lei de participação". Mas a psicanálise completaria a explicação dos contos de animais com a sua teoria da gênese do totemismo, em cujos detalhes não mais entraremos, já lhe tendo consagrado estudos especiais em O *negro brasileiro* e em outros pontos do presente volume.

Um cientista, como Nina Rodrigues, que pesquisou no seu tempo, inteiramente estranho às teorias psicanalíticas, já havia assinalado a significação totêmica dos contos de animais africanos que passaram ao Brasil, mostrando a formação, na África ocidental, dos clãs da tartaruga, da aranha, etc.

Com relação aos contos brasileiros do jabuti – encontro de concepções idênticas, como vimos, do africano e do ameríndio –, Couto de Magalhães, imbuído da tese solarista, endossou as explicações de Hartt, o já citado autor de *Amazonian Tortoise Myths*. De acordo com a teoria solar, Hartt procurou demonstrar que os contos ameríndios do jabuti representavam simbolicamente teorias astronômicas, onde o jabuti era o Sol e o homem a Lua. Vejamos, como um exemplo, até onde vão o exagero e o forçado dessas interpretações.

No conto "O jabuti e a anta do mato", há uma luta entre os dois animais e a anta acaba enterrando o jabuti. Mas as chuvas amolecem a terra e o jabuti consegue escapulir com vida. Sai ao encalço da anta e vinga-se matando-a. Na explicação solarista de Couto de Magalhães, o jabuti representa o Sol, ao passo que a anta é o símbolo do planeta Vênus. A anta enterra o jabuti, quer dizer: em certa quadra do ano, Vênus aparece logo que o Sol se põe, "se enterra". Mas no inverno, com as chuvas, o jabuti sai da toca, isto é, Vênus aparece de manhã, mas desaparece logo que o Sol nasce. O jabuti mata finalmente a anta. Couto de Magalhães conclui a sua explicação[5]: "... pelo fato de estar a órbita do planeta entre nós e o Sol, há uma quadra no ano em que ele não aparece mais de madrugada, para só aparecer de tarde. O primeiro enterro do jabuti é a primeira conjugação, aquela em que o Sol se some no Ocidente para deixar Vênus luzir. A morte da anta pelo jabuti é a segunda conjunção, aquela em que Vênus desaparece para deixar luzir o Sol".

A teoria solarista não deu conta cabal da gênese dos mitos e dos contos. O primitivo personificava os próprios astros. Havia, pois, elementos subjacentes nesta concepção mítico-astronômica. Estas "personagens" cósmicas desempenhavam "papéis". A explicação teria, pois, de ser recuada. E a psicanálise veio provar que havíamos de cair nos romances familiares, com personagens atuantes na vida do indivíduo.

Nos contos de animais, com a explicação psicanalítica do totemismo, em vez de comparar este ou aquele animal com o Sol ou com a Lua, o que recuaria a solução do problema, os identificamos logo a *imagos* familiares, cuja lembrança, cujos romances, cujas peripécias em relação com a vida individual, a instituição totêmica perpetua. Nos contos, essas peripécias, esses "complexos" aparecem de uma maneira muito disfarçada, muito sublimada, ao contrário dos mitos em que os complexos "centrais", basilares surgiam com toda a intensidade, com todo o potencial atuante.

---
5 Couto de Magalhães, *O selvagem*, cit., p. 209.

Já traçamos em *O negro brasileiro* as linhas da explicação psicanalítica dos mitos, analisando as principais criações da mitologia jeje-iorubana. Vimos a existência, nestes mitos, dos grandes complexos primitivos: o Édipo, os vários complexos parentais, o complexo de castração, os complexos de culpabilidade e punição, etc.

No conto, há uma degradação ou disfarce progressivo dos motivos amorais iniciais do mito. Nas legendas e submitos, Otto Rank[6] já havia mostrado os esfacelamentos dos complexos primitivos, pela obra social da censura e, reconstituindo a cadeia quebrada, chegava ao reconhecimento daqueles complexos.

Insistindo nos paralelos entre o mito e o conto popular, Rank descobre em ambos elementos edipianos e totêmicos. Mas enquanto no mito os desejos se satisfazem de modo direto, revelando os apetites primitivos da humanidade, no conto, os mecanismos de sublimação se aperfeiçoam. Aqui os disfarces e as elaborações secundárias são mais intensos; o trabalho da censura é maior; tudo mostrando um lado *ético*, apontando os perigos da satisfação brutal dos desejos[7]. Por isso, o conto reflete já as conquistas da civilização, embora conservando as sobrevivências dos motivos míticos. Os complexos primitivos, o romance familiar, a poligamia mítica se reduzem e procuram conter-se nas situações monogâmicas de uma sociedade mais civilizada. "O mito é polígamo, o conto é monógamo" (*Der Mythus ist polygam, das Märchen monogam*). No mito, o complexo paterno domina a situação; os complexos secundários giram em torno daquele. No conto, a situação familiar já reflete as conquistas sociais, e o romance familiar se atenua. "O mito é patriarcal, o conto social" (*Der Mythus ist patriarchal, das Märchen sozial*). Estas fórmulas de Rank podem resumir-se afinal a esta última: "o conto é ético, o mito, amoral" (*das Märchen ist ethisch, der Mythus amoralisch*), o que mostra a conquista gradual da obra da censura[8].

---
6 Otto Rank, *Varia*, esp.: *Das Inzestmotiv in Dichtung und Sage*, 1912, e *Der Mythus von der Geburt des Helden*, 1909.
7 Id., *Psychoanalytische Beiträge zur Mythenforschung*, cap. VII, pp. 146 ss.: *Mythen und Märchen*.
8 *Id., ibid.*, p. 177.

Riklin[9], em vez do aspecto moral que Rank assinalou aos contos, havia destacado o seu caráter *prático*. Como no mito e no sonho, as mesmas leis da "realização de desejos", de "condensação", de "deslocamento", "disfarce", "simbolismo", intervêm no conto popular. Mas o mito tende a se elevar a uma concepção cosmogônica, dentro das leis do pensamento primitivo. No conto, este pensamento se orienta para a forma *mágica*, que, para Riklin, seria a primitiva forma *prática* da vida social, o primeiro esforço racional da humanidade. É por isso que o conto reflete atividades educativas, no sentido normativo.

Na primeira série dos contos afro-brasileiros de animais, vamos encontrar os elementos típicos do totemismo, sobreviventes nestes contos. A tartaruga, a aranha... são animais protetores do clã, na costa ocidental africana. Pela teoria psicanalítica, é o Pai primitivo quem sobrevive no grupo. Em vez de comparar o jabuti ao Sol, pela teoria dos solaristas, o mais exato é reconhecer-lhe a *imago* paterna, o que vem dar no mesmo, quando, psicanaliticamente, o Sol é um símbolo de atributos paternos. Foi uma comparação aparente, verdadeira até certo ponto, que se transformou numa identificação psíquica.

Freud foi quem primeiro mostrou a sobrevivência do totemismo no pensamento infantil[10], quando analisou a gênese das zoofobias das crianças, e as identificações infantis com os animais, como no caso clássico do pequeno Arpád, de Ferenczi. Esta sobrevivência do totemismo no pensamento atual foi a base da explicação psicanalítica dos contos totêmicos. Nestes contos, as *dramatis personae* giram em torno da personagem principal, o animal-totem, isto é, a *imago* paterna que surge com um conjunto de qualidades que tendem a um fim *moral*, *educativo* e *prático*. Isso nós observamos nos contos afro-brasileiros do jabuti.

O jabuti vence pela astúcia, pela finura, e os seus contos possuem aquele fundo prático e educativo que Couto de Magalhães já

---

9 F. Riklin, *Wunscherfüllung und Symbolik im Märchen*, Viena, 1908.
10 Freud, *Die infantile Wiederkehr des Totemismus in Totem und Tabu*, Viena, 1922, pp. 133 ss.

havia assinalado para as narrações do ciclo ameríndio. A proteção do pai-totem, a sua intervenção na vida do clã aparece desta maneira disfarçada, em lições morais que visam à sublimação de tendências e complexos primitivos, simbolizados nos outros animais que atuam no conto com um conjunto de qualidades más. O cágado põe a brida no teiú, no conto brasileiro, a tartaruga monta no elefante, no *alô* africano. O simbolismo é claro: as paixões devem ser reprimidas, "refreadas", "cavalgadas". O bem triunfa por fim. O Pai primitivo é amado desta forma. Os membros do clã recebem as suas lições e os seus conselhos.

O aspecto "mágico" dos contos, sobre que Riklin tanto insistiu, está evidente também em alguns contos de animais afro-brasileiros. O poder do jabuti, em certos contos, não conhece obstáculos. Vai vencendo-os de maneira fantasmagórica, *engambelando* tudo o que encontra em sua passagem (vide o conto "O cágado e a fruta").

Em outra série de contos de animais, além dos aspectos totêmicos evidentes, intervêm elementos simbólicos que se destacam em primeira monta. Os contos dos pássaros e dos peixes, por exemplo. Rank, falando sobre as fantasias infantis da fecundação pela boca, mostrou que o peixe era um símbolo fálico[11] e todos os psicanalistas conhecem também a significação simbólica do pássaro. Nos contos afro-brasileiros dos pássaros e peixes ("O rei dos pássaros", "Pau-piá", conto angolense de Kimalaueza, motivos do "Macaco e o moleque de cera" de Sílvio Romero) nós podemos reconstruir a seguinte cadeia de elementos temáticos: o homem (ou a mulher) quer comer um pássaro (ou peixe) – protestos, advertências, "não me coma, não", etc. –, o animal é comido – a barriga "poca", ou o animal sai pelo ânus. A explicação psicanalítica pode ser assim feita: o animal é um símbolo do pênis, que vai fecundar aquele que o ingerir, de acordo com a fantasia infantil da fecundação pela boca (*Befruchtung durch den Mund*). A cen-

---

11 Otto Rank, "Völkerpsychologische Parallelen zu den infantilen Sexualtheorien". In: *Psychoanalytische Beiträge*, cit., p. 44.

sura, o recalcamento são patentes nos protestos e advertências do animal. Mas o pênis é comido, nesta *fellatio* fantasista, e tem lugar a fecundação. Dois motivos finais vemos então: o motivo da punição (em alguns contos, a pessoa que comeu o pássaro ou o peixe cai morta) e a fantasia infantil do parto pelo ânus (*Geburt durch Anus*), que Rank estudou exaustivamente, desde as velhas mitologias até os contos populares[12]. Esta fantasia infantil é típica no conto de Sílvio Romero, em que os macaquinhos saem pelo ânus, gritando:

> Eu vi o tubi da velha!

O motivo da punição torna-se mais nítido na série de contos ligados ao ciclo do Quibungo. E aqui tocamos num tema geral, para o qual os pedagogos tanto têm chamado a atenção: o processo de amedrontamento infantil, pelos contos populares, lendas e abusões, onde intervêm entidades fantasmais do folclore. No Brasil, o folclore africano veio acrescer esse arquivo de medo e superstição de origem européia e ameríndia. Escreve Gilberto Freyre[13]:

> Novos medos trazidos da África ou assimilados dos índios pelos negros juntaram-se aos portugueses da coca, do papão, do lobisomem; ao do olharapos, da coca-loba, da farranca, da Maria da Manta, do tango-mango, do homem-das-sete-dentaduras, das almas penadas. E o menino brasileiro dos tempos coloniais viu-se rodeado de maiores e mais terríveis mal-assombrados que todos os outros meninos do mundo. Nas praias, o homem-marinho – terrível devorador de dedos, nariz e piroca de gente. No mato, o saci-pererê, o caipora, o homem-de-pés-às-avessas, o boitatá. Por toda a parte, a cabra-cabriola, a mula-sem-cabeça, o tutu-marambá, o negro-do-surrão, o tatu gambeta, o chibamba, o mão-de-cabelo. Nos riachos e lagoas, a mãe-d'água. À beira dos rios, o sapo-cururu. De noite, as almas penadas. Nunca faltavam: vinham lambuzar de "mingau das almas" o rosto dos meni-

---
12 *Id., ibid.*, pp. 52 ss.
13 Gilberto Freyre, *Casa-grande e senzala, cit.*, p. 368.

nos. Por isso menino nenhum devia deixar de lavar o rosto ou de tomar banho logo de manhã cedo. Um outro grande perigo: andar o menino na rua fora de horas. Fantasmas vestidos de branco, que aumentavam de tamanho – os "cresce-e-míngua" –, eram muito capazes de aparecer ao atrevido. Ou então redes mal-assombradas de bexiguentos. E havia ainda o papa-figo – homem que comia fígado de menino. Ainda hoje se afirma em Pernambuco que certo ricaço do Recife, não podendo se alimentar senão de fígado de crianças, tinha seus negros por toda parte pegando menino num saco de estopa. E o Quibungo? Este, então, veio inteiro da África para o Brasil. Um bicho horrível. Metade gente, metade animal. Uma cabeça enorme. E no meio das costas um buraco que se abre quando ele abaixa a cabeça. Come os meninos abaixando a cabeça: o buraco do meio das costas se abre e a criança escorrega por ele. E adeus! Está no papo do Quibungo.

Sem ligação com a psicanálise, Gilberto Freyre alude em nota incidental à ameaça de castração contida em vários mitos brasileiros. E cita, socorrendo-se de Basílio de Magalhães, o mito regional da mão-de-cabelo, em Minas Gerais, utilizado para meter medo a menino: "Óia, se neném mijá na cama, mão-de-cabelo vem te pegá e corta minhoquinho de neném!" Isso é o ponto de partida para a explicação psicanalítica da angústia infantil, acrescida por esses processos folclóricos.

A angústia é um dos temas principais dos estudos psicanalíticos[14]. O temor, o medo e a angústia são reações básicas, afetos primordiais, da psique primitiva. *Ur-Affekte*, no sentido de Otto Rank. Estão na base das religiões. Otto Rank[15] filiou a angústia ao traumatismo do nascimento (*Trauma der Geburt*), o que vem a explicar o medo infantil dos espaços fechados que lembram inconscientemente o útero materno e a angústia asfíxica do nascimento. A teoria

---

14 Vide Arthur Ramos, *A angústia. Ensaio clínico e psicanalítico*, Bahia, Cultura Médica, 1931.
15 Otto Rank, *Das Trauma der Geburt- und seine Bedeutung für die Psychoanalyse*, Int. PsA. Verlag, 1924.

de Rank dá-nos uma imediata explicação para a angústia infantil dos contos afro-brasileiros do Quibungo e derivados, onde as pessoas ficam presas, ora no buraco das costas do Quibungo, ora na barriga do sapo ("O sapo saramuqueca"), ora no surrão do velho ("A menina dos brincos de ouro"). Estes espaços fechados simbolizam o útero materno. As pessoas ficam ali presas, mas por fim são retiradas vivas. Este segundo motivo representa uma fantasia infantil do parto e uma reação ao traumatismo do nascimento, ligada aos mitos do nascimento do herói.

Mas a tese de Otto Rank não esgota o problema. A regressão infantil ao estado uterino só poderia originar um sentimento de prazer, embora Otto Rank replique, dizendo que a angústia estaria ligada à lembrança da interrupção do feliz estado uterino, pelo nascimento.

Freud retomou o assunto, descobrindo na angústia fatores muito mais complexos ligados à liquidação da situação edipiana[16]. A angústia, segundo Freud, nasceu como reação a um estado de perigo e reproduz-se quando surge novamente este estado. Evidentemente, o nascimento exprime um perigo, mas sem conteúdo psicológico para o recém-nascido. O verdadeiro perigo, com raízes psicológicas, esse aparece na fase fálica, quando a criança tem que renunciar ao seu complexo de Édipo. Nesta fase, o anseio de volta ao útero materno exprime o símbolo do coito. A entrada do menino no corpo da mãe simbolizaria a entrada do pênis na conjunção sexual. Nos folclores de todos os povos, nas velhas mitologias, nos sonhos, o corpo humano é um símbolo fálico. Mas o pequeno Édipo tem que renunciar à mãe, obrigado pelo pai severo, a quem tributa temor e obediência. A autoridade paterna, que vai constituir no inconsciente o núcleo do superego, é uma instância brutal que, na fase fálica, ameaça o menino de castração, impedindo-o de possuir a mãe. O medo da castração acantona-se nas profundezas do id e vai constituir o complexo principal da angústia. Freud diz as-

---

16 S. Freud, *Hemmung, Symptom und Angst*, Ges. Schr. Bd. XI, 1926.

sim que o complexo de Édipo sucumbe ao medo da castração e este é recalcado ao preço da angústia[17].

O complexo da castração constitui a base, portanto, dos medos infantis do nosso folclore, dos contos que estamos analisando. A *imago* paterna, com os seus componentes de medo e temor, está representada nessas entidades fantasmais que punem e devoram: o *Sapo Saramuqueca*, o *Quibungo*, o *Velho do Surrão*... A criança regride ao útero materno, isto é, possui a mãe, mas é punida ao mesmo tempo. Nós vimos que, em alguns contos afro-brasileiros, o Quibungo devora seus próprios filhos ("O Quibungo e o filho Janjão"), como na mitologia clássica Kronos fazia com os filhos.

Mas o "monstro", o "fantasma" que pune e castra as crianças reveste também a forma feminina. E aí temos a longa série das "mães vingadoras", das megeras, das madrastas, de que estão cheios os contos populares europeus e afro-brasileiros. A "mulher dos peitos grandes", a "madrasta", a "feiticeira" destes contos simbolizam a mãe cruel, a mãe fálica, uma das fantasias infantis da sexualidade. Já abordamos o tema[18] quando demos a explicação psicanalítica dos monstros da água, das entidades marinhas filiadas ao ciclo das sereias. A *mãe terrível* dos mitos e dos folclores pune o filho; é o mar dos mitos estudados por Frobenius que engole diariamente o Sol. Eu aventei uma hipótese para os mitos do folclore, e que explica a transformação das entidades femininas em masculinas e vice-versa. O monstro resulta da condensação da mãe fálica com o pai castrador do pequeno Édipo. A madrasta dos folclores é a mãe fálica, igual ao pai odiado que devora os filhos. No conto brasileiro da Madrasta, temos o motivo da castração na cena em que o capineiro vai ceifar o capinzal que crescera na cova. O capim, ou os cabelos simbolizam aqui o púbis, e o fato de serem cortados simboliza o ato

---

17 Vide Arthur Ramos, *loc. cit.*, e *Educação e psicanálise*, Rio de Janeiro, 1934, pp. 112 ss. O problema da angústia é um dos mais controversos em psicanálise, e dele apenas traçamos aqui um rápido resumo, indispensável à compreensão psicanalítica dos contos afro-brasileiros.
18 Arthur Ramos, *O negro brasileiro, cit.*, pp. 233 ss.

da castração. No equivalente africano do conto da Madrasta, os motivos edipianos se acham enfraquecidos. O complexo parental transforma-se no ódio entre os dois irmãos, o que demonstra aquela lei do enfraquecimento dos contos, a que aludiu Otto Rank. A compensação "heróica" destes contos do ciclo das madrastas, das mães fálicas, consiste no triunfo final dos enteados escorraçados, dos filhos abandonados e castigados. Há um tema de ressurreição, ou melhor, de renascimento, em que o filho ultrapassa a angústia do traumatismo do nascimento. Nos contos, o filho herói é encontrado vivo na cova. Em outros, conquista a beleza, a fortuna e o amor. Exemplo: o ciclo da Borralheira. É a reação ao castigo. A recompensa dos bons, na análise comum. Psicanaliticamente, é o filho (ou filha) que herda os atributos paternos (ou maternos), pelos mecanismos da identificação e idealização.

Na conquista do papel "heróico", destaca-se, nos contos populares, o filho mais novo, o caçula. Pôrto-Carrero[19] tocou ligeiramente no assunto:

> O filho mais novo, o caçula mimado da família, é sempre, quer no mito, quer no conto de fadas, o que melhor se sai, ao fim da história: se Zeus-Júpiter era o filho mais novo, são-no também o Pequeno Polegar e o dono do Gato de Botas; com efeito, o filho mais novo é o último ocupante do ventre materno, onde não teve substituto; a sua analogia com o falo é encontrada, por idéias associadas, na análise dos sonhos; o nome Pequeno Polegar, por exemplo, inclui o símbolo "dedo", de significação fálica, na análise corrente.

Evidentemente, o Pequeno Polegar é o pequeno herói de todo um ciclo de aventuras heróicas. A sua significação fálica exprime um desejo de adquirir os atributos paternos, para a conquista do poder. Para isso, tem que atravessar todo um período de provas, como está nos contos africanos de Semumu, Ngemanduma e Me-

---

19 J. P. Pôrto-Carrero, *A psicologia profunda ou psicanálise*, 1ª ed., Rio de Janeiro, p. 157.

kidech. Saintyves provou que as proezas do Pequeno Polegar exprimiam o tema da iniciação do adolescente, o que vem ao encontro da explicação psicanalítica. Nós vemos que Semumu após a circuncisão vai para um lugar deserto, onde ninguém pode penetrar: motivos da castração e punição. Mas Semumu procura vingar-se do pai (ou da mãe fálica). Enfrenta o monstro, que toma várias formas, nas versões dos contos; velha feiticeira, ogre, pássaro mau, Ezuzum. Mata-o e salva os irmãos. Recobra assim os atributos fálicos (em alguns contos ele é ainda o Pequeno Cabeçudo; cabeça = símbolo fálico), e sai a desempenhar o seu papel heróico.

O motivo da feiticeira queimada no forno é interpretado diferentemente, conforme surja em outra série de contos, se filiado, por exemplo, ao tema dos meninos perdidos na floresta.

Na história de *Hänsel e Gretel*, que contém em sua forma mais típica estes motivos, Lorenz[20] reconstitui os seguintes elementos: a) os meninos são conduzidos à floresta pelos pais – motivo da fome e desmame com a intervenção também da mãe cruel, madrasta; b) os meninos encontram o caminho de volta graças aos miolos de pão; c) de outra vez, os pássaros comem os miolos de pão e eles não conseguem achar o caminho, perdendo-se na floresta – motivos que exprimem uma tentativa de volta ao seio materno perdido; d) encontram a casa da feiticeira; e) a feiticeira vai cevá-los, mas o menino em vez do dedo mostra um osso, enganando assim a feiticeira – motivos da regressão e seus perigos; f) os meninos lançam a feiticeira no fogo – a feiticeira é a mãe cruel, contra a qual as crianças se revoltam agora; g) os meninos fogem e atravessam a água, ajudados pelo ganso – ainda motivo da regressão; h) voltam à casa e são recolhidos com carícias – o que representa a fixação à fase anal que se segue à fase oral. Lorenz conclui que a história de *Hänsel e Gretel* (ou luso-brasileira do *João e Maria*) exprime toda uma fantasia de desmame.

---
20 Emil Lorenz, *Hänsel und Gretel*, Imago, Bd. XVI, Heft. 3-4, 1930.

Ora, a interpretação de Lorenz não infirma a que nós demos para as histórias do Pequeno Polegar. Os "desmames" psicológicos continuam pela vida afora. E o traumatismo da renúncia, na fase fálica, é talvez o mais forte de todos, o que se continua até a conquista da virilidade para o homem e da feminilidade para a mulher, isto é, até a completa socialização da libido. Todos os ritos primitivos da puberdade exprimem essas lutas e conquistas preparatórias da função humana, na vida. Já o vimos para o Pequeno Polegar.

Na menina, todos os povos primitivos a obrigam, quando das primeiras regras, a um isolamento completo, durante meses e anos, às vezes com jejuns rigorosos, com interdição de certos alimentos. Sabemos que estes fatos se tornaram sobrevivência em certas instituições, como vimos para as cerimônias de iniciação das *yauôs*, ou filhas-de-santo, entre os afro-brasileiros. Winterstein[21] estudou o tema, mostrando os seus traços nos contos e legendas europeus. Nestes contos, a menina é exilada, castigada fisicamente ou entregue à guarda de velhas mulheres que a instruem sobre seus deveres futuros. Psicanaliticamente, o exílio é uma reação de defesa contra o complexo de Eletra, e, conforme Winterstein, os castigos são uma prova que prepara a menina às dores que lhe hão de causar o parto, mais tarde.

Acho que os castigos exprimem melhor uma ameaça de castração (como se sabe, o clitóris é, na menina, um substituto fálico). Em alguns povos primitivos, há mesmo a ablação clitoridiana, exprimindo pois uma castração não mais simbólica e sim real. As legendas e contos de iniciação da puberdade, na menina, exprimem, assim, a contraparte dos ritos de iniciação do adolescente.

Os contos afro-brasileiros representam, em suma, velhos motivos temáticos sobreviventes nos folclores de todos os povos. A diferença reside no maior ou menor grau de disfarce destes temas, que a civilização impõe pelo trabalho de recalcamento dos complexos básicos da família humana.

---

21 Alfred Winterstein, *Die Pubertätsriten der Mädchen und ihre Spuren im Märchen*, Imago, XIV, 1928, p. 199.

CAPÍTULO IX | O folclore de Pai João

As outras formas da literatura anônima – os provérbios, os ditos faceciosos, as adivinhas... – são muito disseminadas entre os povos negros que forneceram escravos para o Brasil. Já aludimos a estas várias modalidades em Angola. Será interessante ver a definição que delas faz Ladislau Batalha[1]:

> *Jisabu* são adágios ou provérbios muito apropriados. Alguns desses adágios ou provérbios têm semelhança com os nossos e até com os das raças do norte da Europa, exprimindo os mesmos pensamentos por modos diversos, o que bem mostra que o sentir dos povos e a sabedoria das nações em assuntos da vida prática equivalem-se por toda a parte sem consideração a climas nem raças.
> *Misoso* são contos ou apólogos não menos curiosos do que os nossos. Umas vezes, são historietas copiadas da vida prática; outras vezes, narrativas sobrenaturais em que a sua mitologia entra; e, ainda outras, histórias fantásticas e fabulosas que atestam a fecundidade da sua imaginação.
> *Jinongonongo* são enigmas e adivinhações.
> *Mabunda* são as suas cantigas usadas nos batuques e festas populares, ou também narrações históricas em que de pais a filhos vão transmitindo os feitos dos seus antepassados.

---
1 Ladislau Batalha, *A língua de Angola*, cit., p. 10.

Finalmente, por *jiselengenia* designam-se as suas formas satíricas, eróticas e também os ditos populares, etc.

Já vimos a influência exercida no folclore brasileiro por várias dessas formas da literatura anônima africana. Vejamos agora os provérbios e as adivinhas. Entre os povos bantus, os provérbios e ditos populares são extremamente disseminados. A gente da Lunda, conforme o testemunho de Dias de Carvalho, entrega-se freqüentemente a jogos de palavras, e, na sua conversação, fazem comparações e dizem provérbios que nada ficam a dever aos povos civilizados. Eis alguns exemplos colhidos pelo major Dias de Carvalho[2]:

> *Muntu caikipe chiá ucueza cunhima*
> (Ninguém conhece o futuro)
>
> *Mázui macúia ni ruquindo*
> (As palavras vão com o vento)
>
> *Anchi mudile uá múdia*
> (Se comeu está comido)
>
> *Tunzo cacuetepe mapane meadi,*
> *cacataca mudi mucuata*
> (Rato que não tem, que não conhece
> dois buracos, é logo agarrado)
>
> *Ucusala uaquene dijina dici, cúia muturo*
> (Faz grande o teu nome, vai dormir)

Verifica-se facilmente a semelhança com alguns dos nossos provérbios: "Palavras, leva-as o vento", "Cria fama, deita-te na cama", etc.

Em Angola, Heli Chatelain dá exemplos de 61 provérbios, das centenas que lá existem. Como não pude consultar a obra de Cha-

---

2 Dias de Carvalho, *Etnografia e história tradicional dos povos da Lunda, cit.*, p. 719.

telain, reproduzo os exemplos de Ladislau Batalha, que lhes faz a tradução literal e mostra o equivalente português[3]:

> Muzueri ronene kalunguê
> Trad. literal: O falador grande não tem razão
> Equiv. português: Cão que ladra não morde
>
> Ukembu uá pétu, moxi isuta
> Trad. literal: Beleza de almofada, dentro trapos
> Equiv. português: Por fora cordas de viola, por dentro pão bolorento
>
> Ukamba ua ndingue utunda mu xanga
> Trad. literal: Amizade de criança nasce no apanhar lenha
> Equiv. português: De pequenino se torce o pepino
>
> Kuba ki kutexi ê, kuenda ki kujimbirilê
> Trad. literal: Dar não é desperdiçar, andar não é perder-se
> Equiv. português: Faze bem, não cates a quem

O negro da América conservou os velhos hábitos dos provérbios, que ou foram transplantados integralmente da África para cá, ou sofreram, no novo *habitat*, transformações, adaptando-se aos existentes de origem européia. *Uncle Remus* conta-nos uma grande quantidade desses provérbios das plantações do Mississipi, alguns dos quais bem parecidos com os nossos.

O *jisabu* de Angola teve uma influência mais direta entre nós, e João Ribeiro já abordou o assunto. Vimos acima, nos exemplos de Ladislau Batalha, que esses provérbios angolenses têm o seu equivalente português, o que explica a dupla influência que exerceram entre nós. Mas alguns desses *jisabu* passaram quase que literalmente ao Brasil. Por exemplo, aquele:

> Ukembu uá pétu, moxi isuta

---
[3] Ladislau Batalha, *op. cit.*, p. 56.

ou a variante:

Ukembu ua pêta, moxi milambu

chegaram até nós, com a seguinte forma, tão conhecida em todo o Brasil:

Por fora, muita farofa
Por dentro mulambo só

Ora, *milambu*, plural de *mulambu*, e *isuta*, plural de *kisuta*, querem dizer trapos ou farrapos, lembrando o pano ou tanga que os angolenses atam à cintura. "E a esses trapos – completa João Ribeiro, a quem acompanho aqui[4] – é que alude o provérbio opondo-se à capa e à exterioridade por vezes brilhante dos janotas pobretões."

Do *jisabu* angolense, coleção publicada em 1891 por um luso-africano, Jakin ria Mata (Joaquim da Mata), ainda extrai João Ribeiro[5] alguns provérbios que passaram mais ou menos diretamente ao Brasil. Alguns desses provérbios correspondem a antiquíssimos anexins portugueses, mas encontram correspondência nos africanos, que, por sua vez, se adaptaram ao Brasil. Por exemplo, o provérbio português:

No comer e coçar tudo está no começar

corresponde ao quimbundo:

*Ni kuria ni kuriaia
Uria, anga uriaja*

Por sua vez, o adágio:

---
4 João Ribeiro, *A língua nacional*, Rio de Janeiro, 1933, p. 65.
5 Id., ibid., pp. 67-73.

> Papagaio come milho
> Periquito leva a fama

com suas variantes portuguesas e brasileiras, encontra o seu equivalente num *jisabu* de Angola:

> *Fuma riafumánêna o mbemba,*
> *Mbemba kasubiê kilende*

literalmente: *a fama deu fama ao* mbemba, *o* mbemba *nem comeu um cacho.* O *mbemba* angolense é uma ave que, neste provérbio, substitui o periquito do anexim brasileiro.

Outro provérbio ou modismo do Brasil:

> Macaco não olha pra seu rabo

ou ainda:

> Macaco só olha pro rabo dos outros

encontra uma correspondência, desta vez literal, nas duas variantes angolenses:

> a) *O kima katale o mukila uê*
> b) *Hima kataliê ku mukila ê*

cuja tradução literal é:

> Macaco não vê rabo seu

As adivinhas constituem outra forma de literatura anônima muito disseminada na África negra. Em Angola, como vimos, estes enigmas são chamados *jinongonongo* e neles, diz Ladislau Batalha, "passam os filhos de Angola noites inteiras ao pé do lume, fumando ao ar livre nos seus cachimbos. Cada um propõe a sua adivinhação – e aquele que a decifra responde"[6]. Eis alguns exemplos destes *jinongonongo*:

> Pergunta:– *Mborio ku rima ria xitu?* (Um pardal atrás do monturo?)
> Solução: – *Kiala ku rima ria mulemba* (A unha nas costas dos dedos)
>
> Pergunta: – *Kamuxi mu sala kubá?* (Pauzito na sala cai?)
> Solução: – *Kirima kijila nvula* (A planta que nasce com a chuva)
>
> Pergunta: – *Riganga riá banga Tumba Ndala*[7]; *riene riri tekel'ê* (A lagoa que Tumba Ndala fez, enche-se por si mesma)
> Solução: – *Rikôku* (O coco)

Entre os povos da Lunda, o major Dias de Carvalho registrou as seguintes adivinhas[8]:

> Pergunta: – *Uápacata sêngu, uacádipe pé pé pé?* (Quem anda com o apito e não pode tocar?)
> Resposta: – *Mulembo* (O *mulembo* é uma planta, cuja flor lembra um apito)
>
> Pergunta: – *Muata ulele paxi, icanga ubambele cuuro nánhi?* (Quem é o senhor que dorme sobre a terra coberto por cima com esteiras?)
> Resposta: – *Quinhangua* (A abóbora)
>
> Pergunta: – *Chiá cussenda uacadicutula?* (Quem carrega sem arrear?)
> Resposta: – *Lutala* (Tarimba, espécie de prateleira)

---
6 Ladislau Batalha, *op. cit.*, p. 57.
7 "Personagem fabulosa da mitologia indígena" (nota de Ladislau Batalha).
8 Dias de Carvalho, *op. cit.*, p. 719.

Pergunta: – *Chiá uassuta ni uchuco uacádi cussúla?* (Que é que está passando de noite sem parar?)
Resposta: – *Mema ma uíto* (A água do rio)

Pergunta: – *Nama uacuassa anganda, uacauíla anganda ingue?* (Qual é a caça que levantada de um sítio vai cair em outro sítio?)
Resposta: – *Mixita* (O pó)

Torna-se difícil apurar, no Brasil, o grau exato da influência africana nas suas adivinhas populares. A razão principal é que a coleta das nossas adivinhas populares ainda não foi realizada pelos nossos folcloristas. Contos populares, autos e brinquedos do povo, cantares e quadrinhas, folclore infantil... tudo isso tem sido já colhido e anotado, embora seja ainda enorme o material existente. Mas em relação às adivinhas populares o claro é completo*. As nossas adivinhas – e elas existem em abundância – estão a exigir um estudioso da marca de Lehman-Nitszche[9] que realizou no Prata uma obra notável. Sem este trabalho inicial de pesquisa, não poderemos avaliar o grau de influência européia, ameríndia e africana. Já o estudo da paremiologia nos autoriza, porém, a concluir o mesmo para as adivinhas. A influência africana se entremostra, mesmo a uma análise superficial. As fórmulas usadas, o ritual que acompanha as questões, a ingenuidade de umas adivinhas ao lado do sentido satírico de outras, tudo isso está a indicar o dedo africano.

Muitas das espécies folclóricas de origem africana no Brasil já se tornam de difícil colheita. Não surgiu, no devido tempo, o folclorista que registrasse, em todos os seus aspectos, a vida do negro escravo nas senzalas, nos engenhos, nas plantações, nas minas, nos trabalhos das cidades do litoral, realizando aquilo que os americanos do norte têm feito, quando criaram em algumas das suas universidades cursos de folclore negro.

---
* Atualmente, alguns autores empreenderam estas pesquisas e já foram publicados vários trabalhos (N. da R.).
9 Lehman-Nitszche, *Adivinanzas rioplatenses*, Buenos Aires, 1911, t. VI.

Estas pesquisas, entre nós, sobre o folclore da escravidão, só podem ser indiretas. As cantigas dos negros no eito estão perdidas na maior parte. E os seus contos. E os seus provérbios. E as suas adivinhas. Apenas aqui e ali, conseguimos alguns fragmentos, que quase nada dizem em relação ao imenso material perdido.

A vida do negro nos engenhos de cana-de-açúcar – que Gilberto Freyre estudou no ensaio e José Lins do Rêgo no romance – fornece ao estudioso do folclore um material de primeira ordem. A separação da casa-grande e da senzala, a existência de duas vidas, de dois regimes sociais, marcam a primeira *color line* do Brasil, amenizada, diluída até certo ponto pela influência do negro na vida da família branca[10]. Desde a própria denominação *bangüê* que se dava aos engenhos coloniais, e, ainda hoje, aos engenhos de cana-de-açúcar mais humildes que vão desaparecendo gradualmente tragados pelas usinas, se revela a influência negra. Os escravos assim cantavam, no eito, isto é, no trabalho das plantações, marcando o ritmo dos movimentos:

  Ê bango, bango ê!
   Caxinguelê
  Come coco no cocá
  Tango arirá, eh! ah!
   Eh! ôh!
    (engenhos de Alagoas)

É possível que a designação de *bangüê* para o engenho tenha partido daí. Convém assinalar, no entanto, que a voz *bangüê* ocorre em outros cânticos de origem negra. Na Bahia, como já vimos, quando morria um negro, os parceiros cantavam, no acompanhamento do enterro, com a música do Orfeu de Offenbach:

---

10 Para esse estudo, consultar Gilberto Freyre, *Casa-grande e senzala*, cit.

Negro nagô quando morre[11]
Vai na tumba de bangüê
Os parceiros vão dizendo
Urubu tem que comer.

Por ocasião da moagem, começa a *botada* do engenho. "O engenho já botou" ou " já pegou" são expressões conhecidas dos nordestinos. Vão, então, os cambiteiros cortar cana nos canaviais e carregá-la para a moagem. Todo esse trabalho era realizado inicialmente pelos negros escravos, que o faziam entoando melopéias africanas que se foram misturando gradualmente ao português regional do mestiço. Infelizmente ficou perdido quase todo esse material folclórico.

Rodrigues de Carvalho[12] registrou a seguinte cantiga dos negros da Paraíba, onde o trabalho de sincretismo com o folclore branco já está bem adiantado:

Ô lelê vira moenda,
Ô lelê moenda virou,
Quem não tem uma camisa,
Pra que quer um palitô?
O caixeiro bebe na venda,
O patrão no Varadou,
Eu 'stava em Itabaiana,
Quando a boiada passou,
Ô lelê vira moenda,
Ô lelê moenda virou
Eu estava em Beberibe
Quando a notícia chegou:
Mataram Zé Mariano
O comércio se fechou

---
11 Em outras versões: "Negro velho quando morre" e "Negro jeje quando morre".
12 Rodrigues de Carvalho, *Cancioneiro do Norte*, cit., pp. IV e 45.

> Ô lelê moenda vira moenda
> Ô lelê moenda virou
> E viva Joaquim Nabuco
> Com todo seu pessoal!
> E viva o cordão azul
> E o partido liberal!

Pereira da Costa contesta que estes versos se tenham originado nos engenhos da Paraíba, como pretende Rodrigues de Carvalho. Acha que a poesia é moderna, de assunto puramente pernambucano, porquanto se refere às eleições de 1884, quando Joaquim Nabuco foi o candidato apresentado pelo partido liberal, e ao boato da morte de José Mariano, num conflito travado com seus inimigos políticos. Pereira da Costa é de opinião que a cantiga fosse levada de Pernambuco por algum escravo que mudou de senhor e domicílio, tendo-a divulgado nos engenhos da Paraíba, onde a colheu Rodrigues de Carvalho[13].

O folclore negro dos engenhos, das plantações, das minas... foi-se definindo em torno dessa personagem de história e de lenda – Pai João. Ela é o *Uncle Remus* do folclore brasileiro. Pai João é um símbolo. É o negro velho dos engenhos, muito velho, a avaliar pelo cabelo pixaim que começa a branquejar:

> Negro velho quando pinta
> Três vezes trinta,

diz o provérbio popular. Pai João é, portanto, quase centenário. Sua figura trôpega, de fala engrolada e olhos mansos, contava, nos engenhos, velhas histórias da Costa, contos, anedotas, adivinhas, parlendas. Ou a sua voz tremida modulava cantos arrastados, cantigas da escravidão. A opressão branca, que originou a epopéia dos quilombos, também criou o folclore negro. Pai João é a antítese do

---

13 Pereira da Costa, *Folclore pernambucano*, cit., p. 555.

quilombola revoltado. A sua resignação gerou o folclore. Muito embora o folclore contenha em seu bojo germes de revolta. A música e a dança. E a sátira. O exemplo norte-americano de Harlem é flagrante. O desespero polifônico do *jazz* está se cristalizando em potenciais de incontida reação. Mas, no Brasil, a reação de Pai João é mansa e resignada. Uma raça foi oprimida, mas enriqueceu o nosso patrimônio econômico. O folclore de Pai João é quase toda a história do nosso inconsciente ancestral.

Pai João é um símbolo onde se condensam várias personagens: o *griot* das selvas africanas, guardador e transmissor da tradição, o velho escravo conhecedor das crônicas de família, o bardo, o músico cantador de melopéias nostálgicas, o mestre-de-cerimônias dos jogos e autos populares negros, o rei ou príncipe destronado de monarquias históricas ou lendárias (príncipe Obá, Chico-Rei...).

O folclore de Pai João cantou, no Brasil, não apenas as tradições africanas, mas toda a longa e odiosa história da escravidão, de opressão e martírio: os castigos do escravo, a perseguição do branco, a saudade das terras livres... tudo isso explodindo na sátira, na ironia, na revolta resignada:

> Quando iô tava na minha tera
> Iô chamava capitão
> Chega na tera dim baranco
> Iô me chama – Pai João.

> Quando iô tava na minha tera
> Comia minha garinha,
> Chega na tera dim baranco,
> Cane seca co farinha.

> Quando iô tava na minha tera
> Iô chamava generá,
> Chega na tera dim baranco
> Pega o ceto vai ganhá.

Disoforo dim baranco
Nó si póri aturá
Tá comendo, tá... drumindo,
Manda negro trabaiá.

Baranco – dize quando more
Jesucrisso que levou,
E o pretinho quando more
Foi cachaça que matou.

Quando baranco vai na venda
Logo dizi tá 'squentaro,
Nosso preto vai na venda,
Acha copo tá viraro.

Baranco dize – preto fruta,
Preto fruta co rezão;
Sinhô baranco também fruta
Quando panha casião.

Nosso preto fruta garinha
Fruta saco de fuijão;
Sinhô baranco quando fruta
Fruta prata e patacão.

Nosso preto quando fruta
Vai pará na coreção,
Sinhô baranco quando fruta
Logo sai sinhô barão.[14]
      (lundu de Pai João)

---

14 J. de Brito Mendes, *Canções populares do Brasil*, Rio de Janeiro, J. Ribeiro dos Santos, editor, s.d., pp. 3 e 4. Este lundu de Pai João, que a senhora Brito Mendes não diz onde colheu, é conhecido em vários pontos do Brasil, em versões diferentes. Mário de Andrade colheu em São Paulo, as letras e a música, do lundu do escravo, com variantes, de motivos parecidos com o lundu de Pai João (*Música, doce música*, São Paulo, 1934, pp. 85-93). Vide também o lundu de negro velho "Ma Malia", colhido por Mário de Andrade (*Ensaio sobre música brasileira*, p. 89), onde na última quadra se canta assim:

Ô lô, ô lá, xê, xê
Lá no nosso terra
Nóis é forro, liberto
Agora chega ni terra di branco
Tá no cativeiro
Ô lô, ô lá, xê, xê

Ô lê, vá gum
Nóis in terra di branco
Tá passando má
Lá in terra nosso
Tamo liberto
Ô lê, vá gum
    (cantiga dos engenhos de Alagoas)

A vida doméstica é também cantada no folclore de Pai João, chamado das senzalas a servir, com Mãe Maria, o sinhô branco:

Ô lô, ô lô, viva Deus
Maria, sô ê, sô ê
Cuma mão, quebra bolacha
Com a outra toma café

Cama estreita, deitá no meio
Tentação da pimenta malagueta

Ô lô, ô lô, viva Deus
Maria, sô ê, sô ê
Cuma mão quebra bolacha
Com a outra toma café
    (cantiga dos engenhos de Alagoas)

    Quando eu era nu meu tera
    Era rei de Zinangora (Angola)
    Gora tô in tera di blanco
    Zoga cabungo fora!

Para o estudo do linguajar negro no Brasil, e as alterações prosódicas e sintáxicas do português pelo africano, consultar: Jacques Raimundo, *O elemento afro-negro na língua portuguesa*, Rio de Janeiro, 1934, e Renato Mendonça, *A influência africana no português do Brasil*, Rio de Janeiro, 1934.

Os seguintes versos, originários dos maracatus, ouvi-os de velhos negros de engenho, de mistura com cânticos de macumba:

> Coqueiro, coqueiro
> Coqueiro riá
> A dona da casa
> Mandou mi chamá
>
> Eu topei, não vi
> Ô dô, ê quá
> Vamo vê mamãe zumbi
> Dondi ô lá
>
> Santa Bárba(ra)
> Má xangô
> A ti nô ê
> Ê ná xangô
> Baluaê

As cantigas de "parentes" nos dizem do desprezo em que é tido o negro:

> Bango-ê, bango-á
> Negro da costa quando nasce
> Aperriado
> Nasce com os dente arreganhado
> Os parente vão dizendo
> Ô que cachoro danado!
> O aribu quando nasce
> Oxente!
> É alvo qui nem papé
> Ô parente!
> Quando vai ficando grande
> Oxente!

É preto qui nem carvão
É verdade
Ô parente!
  (negros de Alagoas)

Eu tava na minha rede
Deitado, bem deitado
Chegou perto de mim uma branquinha
Negro toque um bocadinho
Não pode, sinhá, estou doente
Sinhá vá-se embora
Vá-se embora deixe a gente
Chegou perto de mim uma mulata
Negro toque um bocadinho
Que te faço um agradinho
Atrás de agrado de mulata
É que anda, é que anda
Quando pego no adjá tirintim
Peia de branco tava em cima de mim
Ai aiô, ai aiô
Enquanto não gemi,
Peia de branco não parou
Depois disso pra cá
Eu fiz um juramento
Já tava veinho de cacete
E nunca mais peguei em instrumento
  (negros de Alagoas)

Negro jeje quando morre
Vai na tumba de bangüê
Os parente vão dizendo
Urubu tem qui comê

 Ocu babá
 Ocu gelê

> Negro velho
> Virou saruê
> (negros da Bahia)

Mas Pai João vinga-se a seu modo, enganando o senhor, explodindo a sua revolta nas cantigas:

> Parente tu não te alembra
> Daquele boi de meu Sinhô
> Qui nóis carregou?
> Eu me alembra
>
> Eu me alembra
> Levou debaixo do pé de ingazeira
> Na beira do rio
> Vendemo e partimo dinheiro
>
> Tiririca é faca de cortá
> Folga nego, branco não vem cá
> Se vié, cacete há de levá
> Tiririca é faca de cortá
> (cantigas dos engenhos de Alagoas)

Pai João tem também o seu folclore das cidades. Quer nos trabalhos da escravatura, quer nos trabalhos *do ganho*, o preto jamais deixou de cantar, marcando com o ritmo da música os movimentos da sua musculatura sólida.

Os primeiros *ganhadores*, isto é, homens que se empregavam na condução de mercadorias, foram, no Brasil, os negros. Os viajantes estrangeiros do período colonial tinham descrito esse trabalho citadino dos negros carregadores, de fardos, pipas de aguardente, sacos de café, pianos, mercadorias várias[15].

---

15 Vide, por ex., J. B. Debret, *Voyage pittoresque, cit.*, t. II, p. 113 (descreve os negros *cangueiros*); Fletcher e Kidder, *Brazil and the Brazilians*, Londres, 1879, p. 24 (referem-se aos carregadores de piano); Tolenare, *Notas dominicais, cit.*, p. 154 (fala no desembarque de mercadorias, no Ceará, feito pelos negros), etc.

Na Bahia, os escravos libertos, na sua quase totalidade, empregavam-se nessa profissão de ganhadores. Será interessante invocar o testemunho de Manuel Querino[16].

Os africanos, depois de libertos, não possuindo ofício e não querendo entregar-se aos trabalhos de lavoura, que haviam deixado, faziam-se ganhadores.
Em diversos pontos da cidade reuniam-se à espera de que fossem chamados para a condução de volumes pesados ou leves, como fossem: cadeirinhas de arruar, pipas de vinho ou aguardente, pianos, etc.
Esses pontos tinham o nome de *canto* e por isso era comum ouvir a cada momento: "chama, ali, um ganhador no canto".
Ficavam eles sentados em tripeças a conversar até serem chamados para o desempenho de qualquer daqueles misteres. Aí também incumbiam-se eles de outros trabalhos: preparavam rosários de coquilhos com borla de retrós de cores; pulseiras de couro, enfeitadas de búzios e outras de marroquim oleado; fabricavam correntes de arame para prender papagaios, esteiras e chapéus da palha de ouricuri, e bem assim vassouras de piaçava; lavavam chapéus de Chile e de outra palha qualquer, e consertavam chapéus de sol.
Uma vez por outra aparecia nos *cantos* o cabeleireiro ambulante que, não só rapava a cabeça, como também escanhoava o rosto dos parceiros.
Nas horas de descanso entretinham-se a jogar o *A-i-ú*, que consistia num pedaço de tábua, com doze partes côncavas, onde colocavam e retiravam os *a-i-ú-s*, pequenos frutos cor de chumbo, originários da África e de forte consistência. Entretinham-se largo tempo nessa distração.
Os panos da Costa vinham crespos, e eles os estendiam sobre um toro de madeira, em forma de cilindro, e com um outro menor batiam-nos para abrandar a aspereza e dar-lhes lustro. Também renovavam os mesmos panos tingindo-os.
Mostravam ainda tendências para as artes liberais, esculturando os símbolos feiticistas de sua seita, tão aperfeiçoados quanto possível.

---
16 Manuel Querino, *A raça africana*, cit., p. 657.

Cada *canto* de africanos era dirigido por um chefe a que apelidavam *capitão*, restringindo-se as funções deste a contratar e dirigir os serviços e a receber os salários. Quando falecia o *capitão* tratavam de eleger ou aclamar o sucessor, que assumia logo a investidura do cargo.

Nos *cantos* do bairro comercial, esse ato revestia-se de certa solenidade à moda africana:

Os membros do *canto* tomavam de empréstimo uma pipa vazia em um dos trapiches da rua do Julião ou do Pilar, enchiam-na de água do mar, amarravam-na de cordas e por estas enfiavam grosso e comprido caibro. Oito ou doze etíopes, comumente os de musculatura mais possante, suspendiam a pipa e sobre ela montava o novo *capitão do canto*, tendo em uma das mãos um ramo de arbusto e na outra uma garrafa de aguardente.

Todo o *canto* desfilava em direção ao bairro das Pedreiras, entoando os carregadores monótona cantilena, em dialeto ou patuá africano.

Na mesma ordem, tornavam ao ponto de partida. O *capitão* recém-eleito recebia as saudações dos membros de outros *cantos*, e, nessa ocasião, fazia uma espécie de exorcismo com a garrafa de aguardente, deixando cair algumas gotas do líquido.

Estava assim confirmada a eleição.

No Recife, os negros carregadores também se reuniam em grupos, a que davam o nome de *companhias*[17], dirigidos outrora por um *governador* que tinha a mesma função do *capitão* dos carregadores baianos. Os negros empregados no serviço de fretes de fardos de açúcar possuíam uma organização à parte, com o seu *governador* especial. Esses *governadores*, designados por patentes e provisões dos antigos governadores da capitania, tinham a função de zelar pelos seus subordinados, dirigindo-os nos trabalhos de frete, exercendo contínua vigilância sobre eles.

Os transportes dos fardos eram feitos na cabeça e em carretas puxadas em cordas, por uns cinco a seis homens, e empurradas

---
17 Vide Pereira da Costa, *loc. cit.*, p. 237.

por outro. No Rio, a avaliar-se pela gravura e descrição de Debret, os fardos também eram carregados por meio de cordas e varais conduzidos aos ombros por seis negros. Este serviço era feito com cantigas e toadas africanas.

Os pianos eram carregados por seis negros, três adiante, três atrás, estes com as mãos apoiadas sobre os ombros dos outros. Marchavam na cadência da cantoria que era tirada pelo chefe do grupo e respondida em coro pelo resto. Os carregadores de piano constituíram uma tradição que só agora vai desaparecendo. As suas cantigas primitivas infelizmente não foram colhidas, mas, em época mais recente, ficaram algumas, como estas, registradas por Pereira da Costa[18]:

> Iaiá me diga adeus,
> Olhe que me vou embarcar,
> Que o *vapô* entrou na barra,
> O *telegra* fez sinal.

> Lê, lê, lê, iaiá
> Vamos rir, vamos chorar,
> Que o *vapô* entrou na barra
> O *telegra* fez sinal.

> Zomba, minha negra,
> Zomba meu sinhô;
> Quem quiser se embarcar,
> O trem de ferro já chegou.

> Quem quiser se embarcar,
> O trem de ferro já chegou,
> Embarca, minha velha,
> Pule fora, meu ioiô.

---
18 *Id., ibid.*, p. 239.

Minha mãe me deu
Com o *machucadô*
Quebrou-me a cabeça,
Mas não me matou.

Água de beber,
Ferro de engomar,
Minha mãe me deu
Foi p'ra me matar.

Ê, ê, iaiá, vá chorar
Lá pra banda do *zonguê*
Porque se mata esse bicho
C'um caroço de dendê

Pereira da Costa ainda transcreve, como cantados pelos carregadores de piano, os versos coligidos por Sílvio Romero:

Bota a mão
No argolão;
Sinhazinha
Vai tocar;
Afinador
Vem afinar,
Sinhazinha
Vai pagar

José Lins do Rêgo, em seu *Menino de engenho*, anotou os seguintes versos cantados pelos negros carregadores de piano em Recife:

João Crioulo
Maria Mulata
João Crioulo
Maria Mulata

Ai pisa pilão
Pilão gonguê
Ai pisa pilão
Pilão gonguê

As cantigas de Pai João impregnaram, de maneira definitiva, o folclore brasileiro. E então nós vemos o próprio folclore branco e mestiço refletir a influência do negro escravo, com a sua longa e atormentada história. Toda uma grande parte do nosso folclore é uma sátira contra o negro, ditos, desafios, parlendas, quadras, onde se conta a verdadeira história da vida social e familiar do negro brasileiro:

O branco brinca na sala
E o negro na cozinha
O caboclo no corredor
E a mulher na camarinha
Meu pensamento adivinha
Faço tudo que quiser
Numa obra de sete pé
Já me dói a passarinha
Não tem Deus como o do céu
Não tem bola como a minha
    (tradição oral alagoana)

Pereira da Costa registrou as seguintes quadras que testemunham o desdém pelo negro[19]:

Negro preto cor da noite
Tem catinga de xexéu
Tomara Nossa Senhora
Que negro não vá ao céu

---
19 *Id., ibid.*, pp. 231-3.

De Recife pra Goiana
Os vales já se acabou
Carreira de velho é choto
Negro cresceu, apanhou

Na ponte do Caxangá
Fizeram uma geringonça;
Bacalhau é comer de negro,
Negro é comer de onça

Pobre preto só é gente
Quando vem a noite escura;
Todos dizem – lá vem homem –
Somente pela figura

Santo Antônio foi bom santo
Pois livrou seu pai da morte;
Mas não livrou Pai João
Das penas do calabrote

A tendência à zombaria dos pobres negros vê-se ainda nos ditos e provérbios populares, também lembrados por Pereira da Costa:

Boa conta lança o preto, seu senhor o está vendendo.
O negro é carvão, e o branco seu dinheiro.
Negro quando não suja tisna.
Negro só tem de gente os olhos.
Negro de luva é sinal de chuva.
Negro nu não dança.
Negro em festa de branco é o primeiro que apanha e o último que come.
Negro jurado, negro apanhado.
Negro em pé é um toco, e dormindo um porco.
O negro não quer mingau, mingau no negro.

Nas cantigas de desafio, no Nordeste, é comum o tema de ataques e remoques ao negro, que, por sua vez, se vinga, atribuindo ao branco qualidades inferiores. O seguinte *desafio* colhido por Pereira da Costa, onde os interlocutores são dois presos da Casa de Detenção, um preto e um branco, é típico neste sentido[20]:

> – Eu não vejo quem me afronte
> Nestes versos de *seis pé*,
> Pegue o *pinho*, companheiro
> E cante lá se quisé,
> Que eu mordo e belisco a isca
> Sem cair no jereré.
>
> Deixa dessa pabulagem
> Que tu só pesca de anzó;
> Eu não pesco, mas atiro
> E não erro um tiro só;
> Disparo aqui no Recife,
> Mato gente em Cabrobó.
>
> – Quando eu for não levo nada,
> Pois quando vim nada *trouve*;
> Falo, você não responde,
> Converso, você não ouve,
> Faço o que Barbosa Lima
> Fez com Joaquim das *Couve*.

---

20 *Id., ibid.*, pp. 562-4. Generalizado no Nordeste, "o *desafio* é como que um prélio poético entre dois cantadores tendo cada um deles por alvo a conquista da vitória. Ocasional pelo encontro dos poetas, ou pelo prévio desafio e emprazamento certo, de lugar, dia e hora, e perante uma reunião mais ou menos numerosa de apreciadores e partidários, tomam os cantadores os seus lugares, frente a frente, afinam as violas, e rompe o torneio, que deve ser igualmente disputado, na mesma cadência e tom dos versos, e golpe a golpe, pelas respostas de acordo com as atiladas perguntas, ou consoantes com os conceitos emitidos. E nessas pugnas empenham-se no decorrer de horas, e às vezes fica a vitória indecisa pelas encontradas opiniões dos apreciadores que, partidários de um ou outro, absolutamente não consentem que se proclame a derrota do seu herói" (Pereira da Costa, *loc. cit.*, p. 560).

Não *trasteje*, camarada,
Você já está quase bambo;
Se não quer mudar de vida,
Seu jacaré de mucambo,
Vá p'ra prensa de farinha
Como foi Felix Mulambo.

– Há muito negro insolente,
Com eles não quero engano;
Veja lá que nós não somos
Fazenda do mesmo pano,
Disso só foram culpados
Nabuco e Zé Mariano.

Sou negro, mas sou cheiroso
Você é branco foveiro,
Se quiser cantar comigo,
Vá tomar banho primeiro;
Eu tive um cavalo branco:
Que era pior que um sendeiro.

– Moleque de venta chata,
De boca de cururu,
Antes de treze de maio
Eu não sei o que eras tu,
O branco é da cor de prata
O negro é da cor de urubu.

Quando as casas de negócio
Fazem sua transação,
O papel branco e lustroso
Não vale nem um tostão,
Escreve-se com tinta preta,
Fica valendo um milhão.

> – O negro é bicho de pé,
> É peste, é sujo, é morrinha,
> De dia ronca na peia,
> De noite rouba galinha.
> O branco nasceu p'ra sala
> E o negro para a cozinha.
> ....
> – Tive uma calça, rasgou-se,
> Tive um chapéu, se acabou,
> Tive uma casa vendi,
> E um cachimbo se queimou;
> Tive um cavalo morreu,
> E um negro, o diabo o levou.
>
> Vi se rasgar uma calça,
> Vi um chapéu se acabar,
> Vi se vender uma casa
> E um cachimbo se queimar,
> Vi um cavalo morrer
> E um branco o diabo levar.

Houve, no sertão, improvisadores negros famosos, que passaram à lenda e ao folclore. Inácio da Catingueira, por exemplo, de quem fala a cantiga do desafio[21]:

> Inácio da Catingueira
> É escravo de Manuel Luís,
> Tanto corta como risca,
> Sustenta bem o que diz.
> Quando eu vim de lá de cima,
> Que passei em Caruaru,
> Trouxe bomba envenenada
> Com raios de fogo azul,

---
21 *Id., ibid.*, p. 567.

Dando fora ao encarnado
E viva ao cordão azul.
Quem quiser ser bem querido
Aprenda a tocar viola,
Vista camisa lavada,
Seja preguiçoso, embora.
Você diz que eu sou negro,
Eu sou negro, na verdade;
Mas eu sou negro de bem,
E você, branco safado.
Você me chama de negro
Do cabelo pixaim,
Mas eu sou um negro bom,
Você um branco ruim.
Você me chama de negro
Do cabelo de cupim,
Agora você me diga:
Quantos contos deu por mim?
Inácio da Catingueira
É negro desesperado
Puxa o mororó na rama
E sopra como um veado.
Inácio da Catingueira
É negro desesperado,
Cava cacimba no seco,
Chega embaixo está molhado.

Numa versão de Rodrigues de Carvalho[22], Inácio da Catingueira, entre outros versos do desafio com Romano da Mãe-d'Água, canta assim:

Sou Inácio da Catingueira,
Apurador de catombos;

---
22 Rodrigues de Carvalho, *op. cit.*, p. 143.

> Dou três tapas, são três quedas,
> Dou três tiros, são três tombos.
> Negro velho cachaceiro
> Bebo, mas não dou tombo

Nestes desafios, onde um dos contendores é um negro, observa-se o espírito de vingança e reação. Pai João transforma-se. Não é mais o negro conformado e dolente que canta as suas queixas, os castigos de sinhô, os ralhos de sinhá e a triste vida do cativeiro. Transmuda-se num Inácio da Catingueira, famanaz e valentão, que não teme os desafios com o branco. Os ataques continuam, mas agora são de igual para igual. O mestiço, este, não perdoa o negro. São de um cantador nordestino os seguintes versos, contra o negro, colhidos por Leonardo Mota[23]:

> Agora vou descobri
> As falta que o nego tem:
> Nego é falso como Juda,
> Nego nunca foi ninguém!
>
> Das falta que o nego tem
> Esta aqui é a primera:
> Furta os macho no roçado,
> Furta em casa as cozinhera,
> Os nego pras camarada,
> E as nega pras paricera.
>
> Nego é tão infeliz,
> Infiel e sem ventura
> Que, abrindo a boca, já sabe:
> Três mentira tão segura!
> Quanto mais fala – mais mente,
> Quanto mais mente – mais jura!

---
23 Leonardo Mota, *Cantadores*, Rio de Janeiro, 1921, pp. 90-2.

Nego é tão infiel
Que acredita em barafunda;
Nego não adora a santo,
Nego adora é a Calunga...
Nego não mastiga – rismói...
Nego não fala – resmunga...

Enfim, esse bicho nego
É de infeliz geração...
Nego é bicho intrometido:
Se dá-se o pé – qué a mão!
Rede de nego é borraio,
Seu travesseiro é fogão.

Sola fina não se grosa,
Ferro frio não caldeia...
Eu só não gosto de nego
Porque tem uma moda feia:
Quando conversa com a gente
É bolindo com as oreia.

Joei de nego é mondrongo,
Cabeça de nego é cupim,
Cangote de nego é toitiço,
Venta de nego é fucim...
Não sei que tem tal nação
Que arrasta tudo que é ruim.

Perna de nego é cambito,
Peito de nego é estambo,
Barriga de nego é pote,
Roupa de nego é mulambo,
Chapéu de nego é cascaio
Casa de nego é mucambo.

> Não quero mais bem a nego,
> Nem que seja meu compade:
> Nego só óia pra gente
> P'ra fazê a falsidade!
> Mermo em tempo de fartura,
> Nego chora necessidade...
>
> Eu queria bem a nego
> Mas tomei uma quizila...
> Nego não carrega maca,
> Nego carrega é mochila...
> Nego não come – consome...
> Nego não dorme – cochila...
> Nego não munta – se escancha...
> Nego é que nem cão de fila...
> Nego não nasce – aparece!
> E não morre – bate o cabo!
> Branco dá a alma a Deus
> E nego dá a alma ao Diabo.

Mas o negro responde no mesmo tom. Já vimos o exemplo de Inácio da Catingueira. Agora é outro poeta negro, Azulão, "sempre desmedido nas suas agressões"[24], quem responde:

> Sempre foi triste o destino
> De quem intima Azulão;
> Eu, tanto no meu destino,
> Faço tuia de cristão,
> Quebro braço, toro perna,
> Rejeto munheca e mão.
>
> Azulão, se resolvendo,
> Não respeita mãe nem pai:

---
24 *Id., ibid.*, p. 73.

Dá tapas que aleja a venta,
Queixo entroncha e língua cai.

Eu sou caboco de guerra
C'uma viola na mão!
Não quero guerra é de briga,
Mas de língua eu sou o cão...

Eu fico mesmo esturrando,
Pico mostrando os brasão...
Pra brigá de ferro frio
Não sirvo, não presto não.

Foi coisa que eu nunca vi:
Rua de cabra valente...
Minha fama é na cantiga,
Sou feroz é no repente!
Colega, tome coidado,
Escute, fique ciente;
Eu, pegando um cantadô,
Sou pió que dô de dente! etc.

Leonardo Mota colheu todo um ciclo de desafios entre o mestiço e o negro, com agressões mútuas. "Não há cantador mestiço – escreve[25] – que, lutando com um negro, o não procure ferir no calcanhar de Aquiles dessa inferioridade. Por sua vez, os agredidos se defendem com uma veemência de que abrolham arrogâncias e argumentos inesperados."

Pai João, de agredido, torna-se agressor. O seu folclore é imenso e inesgotável a sua fonte. Cantigas de desafio, romances de cachaça, quadras de amigo, o folclore mestiço, o mulato e a vida social, os amores, os dengues e requebros da mulata... é todo um folclore

---
25 Id., *Violeiros do Norte*, São Paulo, 1925, p. 92.

riquíssimo, comportando monografias especiais. Mas fiquemos em Pai João. E vejamos, para finalizar, como agora ele responde ao branco que o interpela[26]:

> Branco – Seu pai foi um homem branco?
>   Eu vi, uma ocasião,
>   Ele cortava o cabelo,
>   Quando caía no chão
>   Os pintos iam comer
>   Por semente de mamão...
>
> Negro – Esse tal de cativeiro
>   Foi uma sabedoria
>   Que os português inventaram
>   No tempo da Monarquia,
>   Para qualquer couro russo
>   Ter nome de *Senhoria*.
>
> Branco – Você mostra que é ingrato,
>   Detrata da Monarquia:
>   No dia 13 de Maio
>   D. Pedro ainda existia,
>   Nabuco e Zé Mariano
>   Foi quem te deu alforria.
>
> Negro – Isso de cor é bobagem,
>   A cor branca é vaidade:
>   O homem só se conhece
>   Por sua capacidade,
>   Pela pronúncia correta
>   E pela moralidade.
>
> Branco – O mel, por ser bom demais,
>   As abelhas dão-lhe fim...

---
26 Id., ibid., pp. 93-4.

          Você não pode negar
          Que a sua raça é ruim,
          Pois é amaldiçoada,
          Desde o tempo de Caim.

Negro – Você falou-me em Caim?
          Já me subiu um calor!
          Nesta nossa raça preta
          Nunca teve um traidor:
          Judas, sendo um homem branco,
          Foi quem traiu Nossenhor...

CAPÍTULO X | Conclusão: o inconsciente folclórico

Perseguido pelo branco, o negro no Brasil escondeu as suas crenças nos terreiros das macumbas e dos candomblés. O folclore foi a válvula pela qual ele se comunicou com a civilização branca, impregnando-a de maneira definitiva. As suas primitivas festas cíclicas – de religião e magia, de amor, de guerra, de caça e de pesca... – entremostraram-se assim disfarçadas e irreconhecíveis. O negro aproveitou as instituições aqui encontradas e por elas canalizou o seu inconsciente ancestral: nos autos europeus e ameríndios do ciclo das janeiras, nas festas populares, na música e na dança, no carnaval...

Principalmente no carnaval. Todos os anos a Praça Onze de Junho, no Rio de Janeiro, recebe a avalanche dessa catarse coletiva. Ali, o carnaval é apenas um pretexto. Porque todo um mundo de sentimentos, de crenças e de desejos, não tolerados na vida comum, desperta de um trabalho surdo de recalques contínuos. O carnaval é uma visão espectral da cultura de um grupo humano. Os civilizados explodem a sua vida instintiva reprimida. Mas o primitivo apenas se mostra na sua espontaneidade de origem. É o caso da Praça Onze, conglomerado de todo um inconsciente ancestral. Ali se reúnem, periodicamente, velhas imagens do continente negro, que foram transplantadas para o Brasil: o monarca das selvas africanas, reis, rainhas e embaixadores, totens, feiticeiros e xamãs, homens-tigres e homens-panteras, *griots*, menestréis e bardos negros, pais-de-santo, antepassados, pais grandes e adolescentes em iniciação ritual...

O folião das Avenidas passa por aquele lugar e não compreende o que vê. Mas o etnógrafo vai registrando. Cerimônias de guerra e caça: lá estão negros que se degladiam, terçando armas, brandindo lanças, dançando pantomimas imitativas... Danças e desfiles totêmicos: os ranchos, os clubes... Embaixadas e desfiles régios: os cordões, os antigos festejos do ciclo dos cucumbis... Fragmentos mágico-religiosos: os cantos de macumba, as invocações, os ensaios preliminares de possessão... A música e a dança: os instrumentos de percussão, os cânticos, a estilização primitiva do samba, as escolas de samba...

É uma fantasmagoria. Num tempo absolutamente restrito, assistimos à recapitulação de toda uma vida coletiva. Instituições que se fragmentam, se esboroam e se diluem. Os seus remanescentes são recolhidos pela Praça Onze. A Praça Onze é uma grande trituradora, mó gigantesca, que elabora o material inconsciente e prepara-o para a sua entrada na civilização. A Praça Onze é o censor do inconsciente negro-africano. Todo um trabalho semelhante ao da elaboração onírica (*Traumarbeit*) encontramos ali: condensações, simbolismos, disfarces, sublimações, derivações...

A Praça Onze é a fronteira entre a cultura negra e a branco-européia, fronteira sem limites precisos, onde se interpenetram instituições e se revezam culturas. Mas a Praça Onze, por sua vez, já é um símbolo de todas as Praças Onze disseminadas pelos focos de cultura negra no Brasil. O negro evadido dos engenhos e das plantações, e das minas, e dos trabalhos domésticos das cidades, e dos mocambos, e das favelas, e dos morros... vai mostrar nas Praças Onze o seu inconsciente folclórico. Evadido no tempo e deslocado no espaço, o negro realiza então um símbolo. O inconsciente folclórico é uma síntese do inconsciente ancestral e do inconsciente interpsíquico. É um conteúdo estrutural, um *Paideuma*.

O inconsciente folclórico pode ser considerado uma antiga estrutura indiferenciada, que irrompe na vida do civilizado sob a forma de superstições, sobrevivências, valores pré-lógicos, folclore, em suma. Estamos num terreno comum onde se encontram os critérios metodológicos da antropologia cultural, da psicanálise e da Gestalt. O pensamento mágico, arcaico, pré-lógico – no primitivo, no sonho, na neurose, na esquizofrenia, na arte expressionista... – é uma função desse inconsciente folclórico, cuja pesquisa se torna indispensável no conhecimento espectral de uma civilização. O seu conteúdo é que varia, dando colorações específicas às várias formas de cultura.

Como nas culturas negro-africanas transplantadas para o Brasil. Religião, magia e folclore... *O folclore negro do Brasil* apenas continua o método de pesquisa já iniciado em *O negro brasileiro – etnografia religiosa*. Conteúdos estruturais que nos conduzem ao conhecimento da nossa psique coletiva. Uma psicologia social que não indague destas relações entre as formas aparentes de cultura e os seus conteúdos inconscientes será uma psicologia social descritiva, superficial, *ad usum delphini*. Ela tem que ir além: tem que descer à análise das categorias pré-lógicas de um ciclo de civilização. Pela pesquisa do inconsciente folclórico. O homem é a resultante do seu complexo cultural. Superioridades e inferioridades são padrões relativos. O homem mais civilizado não se liberta totalmente dessas estruturas primitivo-indiferenciadas. Há uma constante relação entre a "cultura total" e a "subcultura individual", no conceito de Sapir. Relações psicossociais são categorias móveis que nos conduzirão possivelmente a uma unificação dos vários critérios metodológicos da sociologia.

Folclore não é simples estudo recreativo. É método demopsicológico de análise do inconsciente das massas. Foi o que intentamos fazer com o elemento africano, no Brasil, neste livro introdutório, que fica a exigir pesquisas continuadas e mais completas.